G. BECK

Ulrich Parzany

Leben mit neuem Programm

Ulrich Parzany

Leben mit neuem Programm

Sieben Schritte in die richtige Richtung

Brendow Buch Kunst Verlag

Die Deutsche Bibliothek – CIP-Einheitsaufnahme

Ulrich Parzany:
Leben mit neuem Programm : sieben Schritte in die richtige Richtung / Ulrich Parzany. – Moers : Brendow, 1996
(Edition C ; C ; 468)
ISBN 3-87067-427-X
NE: Edition C/C

ISBN 3-87067-427-X
Edition C, C 468

Einbandgestaltung: Buttgereit & Heidenreich, Haltern am See
Printed in Germany

Inhalt:

Liebe Leserin, lieber Leser,

unsere Welt ist unübersichtlich geworden. Je mehr Informationen wir erhalten, desto weniger blicken wir durch. Ganz ohne Zweifel sind die Freiheiten der einzelnen größer geworden. Wir genießen das. Aber wir spüren auch, daß es eine Kehrseite dieser Wahlfreiheit gibt: Jeder muß selber sehen, wie er zurechtkommt! Das kann zur Belastung werden, die so schwer ist, daß wir uns in Abhängigkeit von Menschen, ja in bedingungslose Hörigkeit flüchten. Leider wird unsere Not oft schamlos ausgenutzt.

Der Hunger nach Lebenshilfe ist riesengroß. Zugleich wächst bei vielen Menschen die Skepsis: Kann man überhaupt noch irgendwelchen Angeboten trauen?

In diesem Klima unserer Zeit möchte ich erläutern und begründen, daß es die Möglichkeit eines Lebens mit neuem Programm gibt. Ein Angebot, das jedem Menschen offensteht, aber keine gefährlichen Vereinfachungen anbietet.

Sie werden beim Lesen merken, daß es sich eigentlich um Reden handelt. Ich habe sie bei ProChrist '95 gehalten. So hieß die Veranstaltungsreihe, die in Leipzig stattfand und per Satellit live in ca. 350 andere Veranstaltungsorte in Deutschland, Österreich, der Schweiz, Südtirol, Luxemburg und Polen übertragen wurde. Cornelia Breuer-Iff hat die Reden lesbarer gemacht. Ich danke ihr dafür. Natürlich mußten wir einige aktuelle Bezüge weglassen. Vielleicht interessiert es Sie aber, daß genau am 8. Mai 1995 – 50 Jahre nach Ende des 2. Weltkrieges – das Thema lautete: „Leben mit neuem Programm". Sind wir in der Lage, aus der Geschichte zu lernen? Gibt es wirklich die Möglichkeit zu einem Neubeginn?

Ich bin pessimistisch, wenn ich auf unsere menschlichen Möglichkeiten schaue. Aber ich bin sehr zuversichtlich, wenn wir uns neu Gott zuwenden und ihn in unserem Leben wirken lassen.
Ich danke Gott, daß durch ProChrist '95 viele Menschen begonnen haben, ihr Lebensprogramm unter der Regie des Jesus Christus zu gestalten. Offen gesagt: Ich hoffe, daß dieses Buch Sie auch dazu anregt. Ich empfehle Ihnen, über den Inhalt mit anderen zu sprechen. Sie sollten sich bei der Umsetzung in das alltägliche Leben ganz praktisch gegenseitig helfen.

Mit herzlichem Gruß

Ihr

1

Im Supermarkt der Religionen: Wozu Gott?

Nun, wozu brauchen Sie ihn denn? Vielleicht sagen Sie: „Ich brauche ihn ja gar nicht. Ich komme gut ohne ihn aus. Er ist vielleicht sowieso nur eine Einbildung!" Ich bin überzeugt: Jeder hat seinen Gott. Was gibt uns denn Sicherheit, Geborgenheit und Anerkennung?

Ich hörte von einer Frau, die hielt ihren Bekannten ein volles Tablettenröhrchen unter die Nase und sagte: „Das ist mein Gott!" Die Tabletten gaben ihr Schmerzfreiheit, Ruhe, Frieden, Geborgenheit. Ohne die Tabletten konnte sie nicht leben. Sie waren ihr ganzer Rückhalt, ihr Gott. Nicht viele sind so ehrlich wie diese Frau.

Mit dem Wort „Gott" ist es so eine Sache. In allen Sprachen gibt es diesen Ausdruck, Millionen Menschen gebrauchen ihn. Weil wir das gleiche Wort benutzen, haben wir oft den Eindruck, wir meinten auch das gleiche. Aber wir leben heutzutage in einem Supermarkt der Religionen und Weltanschauungen, und das Wort ist wie ein Einkaufswagen im Supermarkt: Die Wagen sehen alle gleich aus. Die Kunden nehmen einen, gehen an den Regalen vorbei und legen hinein, was ihnen gefällt, was sie brauchen — und was sie bezahlen können. Alle haben den gleichen Wagen, an der Kasse aber sind ganz verschiedene Dinge drin. Die Verwendung des gleichen Begriffs bedeutet noch nicht, daß wir auch die gleiche Sache meinen.

Neulich ging ich in einen Supermarkt und nahm keinen Einkaufswagen, weil ich nur eine Kleinigkeit holen wollte. So

machen es viele mit dem Ausdruck „Gott“: Sie gebrauchen ihn zwar nicht, haben aber in ihrem Leben trotzdem etwas, das ihnen die letzte Sicherheit, Geborgenheit und Anerkennung gibt. Und das ist kein Luxus! Gott ist kein Luxus.
Wir brauchen Sicherheit. Ohne Anerkennung kann niemand leben, und ohne Geborgenheit gehen wir ein. Eine wichtige Rolle spielt dabei das Geld. Man sagt: „Geld macht nicht glücklich, aber es beruhigt.“ Ja, es verschafft das Gefühl von Sicherheit. „Haste was, dann biste was. Haste mehr, dann biste wer.“ Auto, schicke Kleidung, elektronische Geräte, ein Haus – das bringt Anerkennung ein.
Die stärkste Religion in Europa ist die Verehrung des „Gottomobils“: Die Autopflege hat nahezu gottesdienstliche Züge. Diese Gottheit fordert Opfer – finanzielle, aber auch Menschenopfer. Etwa 10 000 Verkehrstote pro Jahr in Deutschland, und wir opfern sie. Eigentlich ist das Gottomobil ein besonders grausamer Gott, weil es auch Kinderopfer fordert. Trotzdem beten wir es an.
Alles, was wir nicht verantwortlich gebrauchen, sondern in das wir uns verlieben und das uns letzten Halt geben soll, ist unser Gott. Jeder hat seinen Gott – oder auch mehrere Götter zur Auswahl wie im Supermarkt. Der Supermarkt ist das Symbol unserer Zeit: Der Kunde ist König, man muß nicht alles nehmen, es steht aber alles zur Auswahl. So mögen wir es auch in religiöser Hinsicht: Alles wird angeboten, nichts ist für alle verbindlich. Wir nehmen, was wir mögen oder meinen zu brauchen.
Dieses Verhalten ist altbekannt in Europa. Die Bibel beschreibt uns die Situation in der Kulturmetropole Athen. Paulus, ein jüdischer Intellektueller, hat eine ganz besondere Erfahrung mit der Wirklichkeit Gottes gemacht. Dieses Erlebnis hing mit der Person des Jesus von Nazareth

zusammen. Paulus' Leben war verändert worden, und zwar radikal, von einem haßerfüllten Gegner zum leidenschaftlichen, hingebungsvollen Nachfolger Jesu.
Er hatte die Liebe Gottes in einer Weise erfahren, wie er sich das nie hatte träumen lassen. Und indem das passierte, begriff Paulus: „Gott ist ganz anders, als ich ihn mir vorgestellt habe." Alles, woran er sich gewöhnt hatte, seine Vorurteile, stürzte zusammen.
Und was noch einschneidender war: Nicht nur sein Denken veränderte sich, sondern ebenso seine Lebensweise. Gott kam in sein Leben mit brennender, leidenschaftlicher Liebe, die ihm deutlich machte: „Ich will nicht auf dich verzichten. Du hast mir den Rücken zugekehrt, du hast mich aus deinem Leben ausgeblendet. Aber ich habe dich lieb." Er läuft uns nach! In Jesus läuft Gott uns nach, bis er uns trifft.
Paulus war von Anfang an klar: Das kann man nicht für sich behalten. Das hat meinem Leben eine solche Hoffnungsperspektive gegeben, daß ich mit anderen teilen möchte. Ich habe die Quelle der Liebe kennengelernt, und ich habe daraus geschöpft. Ich muß anderen zeigen, daß es diese Quelle gibt. Wer in der Wüste eine Quelle kennt und den Verdurstenden den Weg dorthin nicht zeigt, ist ein Verbrecher.
Also reiste Paulus durch die halbe Welt, um Menschen die Information von Jesus zu bringen.
So kam er nach Athen (Apostelgeschichte 17). Er sah den religiösen, weltanschaulichen Supermarkt in der Fußgängerzone der Athener City. Dort gab es jede Menge Tempel und Altäre für alle möglichen Gottheiten. Die Touristen machen heute noch begeistert Videoaufnahmen von deren Ruinen. Paulus drehte keine Videos, er wurde wütend. Warum? War er ein Fanatiker? Hatte er kein Verständnis für die Schönheiten und Vielfalt der Religionen? Nein: Es regte

ihn auf, wie wir Menschen unsere eigenen Produkte – seien es Denk- oder materielle Produkte – als Götter verehren. Wir denken uns etwas aus, und dann tun wir so, als wäre das Erdachte stärker als wir und könnte uns tragen. Wir ziehen uns an den eigenen Haaren aus dem Sumpf.
Weil Paulus kein Menschenverächter ist, läßt er die Leute nicht gleichgültig vorbeilaufen. Er diskutiert mit ihnen auf der Straße über die Grundfragen des Lebens: Was trägt? Was ist verläßlich? Was ist die Wahrheit?
Das ist aber peinlich, oder? Das mögen wir nicht so gern. Wir leben in einem eiskalten Klima der Gleichgültigkeit. Wir laufen aneinander vorbei und tun so, als wäre das die großartige Tugend der Toleranz. Echte Würde jedoch und wirklicher Respekt würden bedeuten: Wir sind einander nicht gleichgültig, wir stellen uns gegenseitig Fragen, und wir muten uns auch die Wahrheitsfrage zu.
Das tut Paulus – aus Liebe zu den Menschen. Er erzählt von Jesus und fragt nach dem tragenden Grund des Lebens: „Was gibt dir Sicherheit und Anerkennung? Deine Schönheit und Klugheit – was wird damit sein, wenn du krank bist? Dein Beruf und deine Karriere – was wird sein, wenn der Leistungsknick kommt? Das Geld – was wird sein, wenn du pleite machst? Dein Auto – was wird sein, wenn's am nächsten Baum hängt?"
Wir sollten in den starken Zeiten, wenn wir gesund sind und in soliden Verhältnissen leben, darüber nachdenken, worauf wir uns verlassen, was letztendlich trägt.
Die Athener haben Paulus mit Fragen gelöchert. Sie haben ihn ausgelacht, weil ihnen manches von dem, was er sagte, völlig verrückt vorkam. Schließlich luden sie Paulus in eine hochoffizielle Veranstaltung auf dem sogenannten Areopag ein, dem traditionsreichen Gerichtsplatz im Zentrum

der Stadt. Früher tagte dort das höchste Gericht, zur Zeit des Paulus war dies so etwas wie die Jury der Akademie der Wissenschaften.
Da sitzen sie nun, die Schiedsrichter, und fragen ein wenig hochnäsig: „Wir haben gehört, du hast eine neue Lehre mitgebracht, von einem gewissen Jesus. Du hast jetzt Gelegenheit, sie uns zu erklären." Paulus stört sich nicht an ihrer Überheblichkeit und gibt Auskunft. Er fängt mit einem höflichen Kompliment für die religiöse Szene in Athen an: „Ich bin durch eure Stadt gegangen und habe gesehen, welch großartigen Religionen hier vertreten sind. Und ich habe einen Altar entdeckt, auf dem steht: ‚Für den unbekannten Gott'."
Das ist interessant: Im Supermarkt der schier endlosen religiösen und weltanschaulichen Angebote gibt es diesen Platz der Unsicherheit und Leere. Man weiß ja nie. Diese Unsicherheit ist die größte Not der Moderne. Und die überfüllten Regale in den Supermärkten der Religionen und Weltanschauungen können nicht darüber hinwegtäuschen, daß wir dieses schwarze Loch der Leere haben: Es könnte vielleicht noch etwas geben, was wir nicht kennen und was letzten Endes lebensentscheidend ist.
Paulus sagt: „Ich bin gekommen, um euch diesen unbekannten Gott zu verkünden." Paulus bringt eine Nachricht nach Europa, die bis heute brandaktuell ist: Der Schöpfer der Welt ist nicht im Jenseits geblieben. Er ist auch nicht in den Dingen der sichtbaren Welt oder in den Gedankengebäuden gefangen. Er hat uns Menschen geschaffen. Unser menschliches Leben ist begrenzt in Raum und Zeit. Das soll uns dazu treiben, zu suchen und Fragen zu stellen. Endgültige Antworten können wir aus uns selbst heraus nicht geben.
Aber Gott hat sich zu erkennen gegeben: Gott wird Mensch. Sein erster Platz ist ein Freßtrog in einem Viehstall in Bethle-

hem, weil die Eltern kein besseres Quartier finden. Gott kommt hinein in die Realitäten des Alltags. Viele Menschen versuchen, ihn in eine religiöse Nische zu drängen. Das können wir vielleicht mit unseren selbstgemachten Göttern tun, sie irgendwo im Urlaub, im Abseits, im Jenseits ansiedeln. Aber Gott wird Mensch und liegt im Freßtrog. Welch eine einladende Provokation!

Ein paar Tage nach der Geburt müssen die Eltern mit dem Baby fliehen, weil ein Diktator aus panischer Angst vor einer Revolution alle kleinen Kinder in der Stadt Bethlehem ermorden läßt. Gott wird Asylant. Suchen Sie Gott? Suchen Sie ihn! Er ist in dem Strom der Millionen Flüchtlinge, die durch Europa, Afrika und Asien ziehen, Tausende und Abertausende von Familien. Gott wird Mensch.

Nach Jahren kehren die Eltern mit dem Jungen zurück. Er macht eine Schreinerlehre in Nazareth. Im Alter von 30 Jahren beginnt er seinen Weg durchs Land. Er spricht so zu den Menschen, daß sie spüren: Was er sagt ist unbequem, aber es trifft den Kern. Er gibt Wegweisung in Orientierungslosigkeit. Und vor allem: Was er sagt, das geschieht. Er richtet Menschen auf, er heilt Kranke, er speist Hungrige. Er sagt nicht nur seine Meinung, sondern er hat ein schöpferisches, heilendes Wort. Er ruft: „Kehrt um!" Menschen wenden sich ihm zu, vertrauen ihm. Sie orientieren ihr Leben an diesem Jesus und sagen: Mit dir verbunden möchten wir leben. Das nennt Jesus „glauben". Er fordert sie auf: „Geht mit mir durch den Alltag. Nehmt meine Kraft und meine Wegweisung in Anspruch. Gott ist mit euch, wenn ihr euch an mich bindet."

Aber er ist ein Störenfried. Merkwürdig, er hat niemandem Böses getan, dennoch ärgern sich die Leute über ihn. Das ist bis heute nicht anders. Wer sich mit Jesus beschäftigt, der spürt: Hier wird Gott konkret. Er kommt mir ganz nah.

Und wenn er mir so nahe kommt mit seiner Liebe und mit seiner Wegweisung, dann wird deutlich: Mein Leben muß sich ändern. Doch genau das wollen wir nicht. Wir haben uns viel zu gut eingerichtet und sagen: Was brauchen wir Gott? Wir sind doch nicht schlechter als andere Menschen. Hat er das gesagt? Geht es darum? Man kann Gott auf ganz moralische Weise weglaufen. Paulus war ein Mensch, der ethisch sehr konsequent und auf hohem Niveau lebte. Er hatte niemanden bestohlen und niemanden belogen. Gerade weil er so ein anständiger Mensch war, fragte er: „Brauche ich diesen Jesus? Ich brauche doch keine Vergebung der Schuld! Auf Gnade bin ich nicht angewiesen. Schließlich bin ich wer! Man muß sich nur bemühen, und ich habe mich bemüht." So halten auch wir uns Gott vom Leib, wir wollen ihn nicht. Wir hätten lieber einen Kopfnicker-Gott, der uns nicht kritisiert, sondern uns nach dem Munde redet und uns jederzeit bestätigt.

Gott aber redet in Jesus unbequem. Wenn Sie die Bibel lesen, werden Sie feststellen: Das Problem der Bibel ist, daß sie zu verständlich ist im Hinblick auf Gottes Willen in der Reinheit, in der Wahrheit, in Treue, in Ehrlichkeit, in der Selbstlosigkeit und Dienstbereitschaft. Und das tut weh. So klar möchte ich es denn auch wieder nicht wissen.

Am bequemsten wäre es, wenn man mit Überzeugung Atheist sein, „Gott los" sein könnte. Wenn man wüßte, daß es Gott wirklich nicht gibt, dann könnte man in Ruhe tun und lassen was man will, ohne jemandem letzten Endes verantwortlich zu sein.

Wir sind auf der Flucht vor Gott. Und wenn unser Spiel „Augen zuhalten, dann ist die ganze Welt nicht mehr da" nicht mehr funktioniert, dann bilden wir uns einen Gott ein, der uns wenigstens etwas besser gefällt. Der uns nicht stört in unserem Eheleben, in unserem Geschäftemachen, in unserer Politik, Wirtschaft, Erziehung ...

Deshalb ist Jesus ein Störenfried, und deshalb machen ihm die Machthaber bei Nacht und Nebel den Prozeß. Aber in diesem Prozeß wird das Recht gebeugt. Sie foltern ihn und treiben ihn auf eine Müllkippe vor der Stadtmauer. Denn das war Golgatha: ein Steinbruch unmittelbar vor Jerusalem. Dort wird er mit zwei Terroristen aufgehängt, nackt an ein Kreuz genagelt, zum Verbluten und Ersticken. Dabei begreifen weder Freunde noch Feinde, was wirklich geschieht. Sie denken, hier verlösche das Leben eines Idealisten, der gescheitert ist wie so viele. Doch sie verstehen nicht: So sehr hat Gott die Welt geliebt, daß er seinen einzigen Sohn hingab, damit alle, die an ihn glauben, nicht vor die Hunde gehen, sondern schöpferisches, gültiges, ewiges Leben haben (vgl. Johannes 3, 16).

Die Leute damals dachten, sie hätten Jesus erledigt und ausgeschaltet. Sie haben ihn begraben. Sie haben sein Grab sogar von Soldaten bewachen lassen. Der Tod war ihnen nicht sicher genug.

Das hat alles nichts genutzt. Gott hat ihn auferweckt und hat das Siegel der göttlichen Gültigkeit unter das Reden, das Leben, das Handeln, Leiden und Sterben des Jesus von Nazareth gedrückt und gesagt: „Er ist die Schlüsselfigur. Er entscheidet über die Geschichte, über jedes einzelne Menschenleben. Ohne ihn geht die Tür in die Zukunft nicht auf, und ohne ihn kann man die Tür zur Vergangenheit nicht schließen.“

Paulus erklärt das den Schiedsrichtern auf dem Areopag in Athen – und uns heute. Eigentlich sollten wir längst begriffen haben, daß Gott nicht „durch menschliche Kunst und Gedanken gemacht“ werden kann (Apostelgeschichte 17, 29).

Paulus sagt wörtlich: Zwar hat Gott über die Zeit der Unwissenheit hinweggesehen; nun aber gebietet er den Menschen, daß alle an allen Enden (das heißt auch in den entferntesten Winkeln) umkehren. Denn er hat einen Tag festgesetzt, an dem er die ganze Erde richten will mit Gerechtigkeit durch einen Mann – Jesus –, den er dazu bestimmt hat, und hat jedem den Glauben angeboten, indem er ihn, Jesus, von den Toten auferweckt hat (Apostelgeschichte 17, 30 f.).
Zwei Dinge bietet Gott uns an:

Erstens: Gott ruft uns zur Umkehr.
Umkehr ist eine Wende um 180 Grad. Abkehr von den selbstgemachten Göttern, vom bisherigen Lebensstil, von Habgier, Lüge, Selbstgerechtigkeit – und Hinkehr zu dem einen lebendigen Gott, der sich in Jesus bekanntgemacht hat. Umkehr bedeutet: Ich bekenne vor Gott, daß ich falsch, ohne ihn, gegen ihn gelebt habe. Ich bekenne mein Unrecht, das ich in Gedanken, Worten und Taten begangen habe. Ich breche mit der Vergangenheit. Ich will mich davon abwenden und sagen: „Jesus, dir will ich folgen. Ich danke dir, daß du mich einlädst." Weil Gott lebt, ist es vernünftig und logisch, daß wir unser Leben auf ihn ausrichten. Unser Leben kann nur gelingen, wenn wir in Harmonie mit dem Schöpfer leben.
Gott hört nicht auf zu existieren, wenn wir ihn aus unseren Gedanken verdrängen. Ein Gott, der nur lebt, weil wir an ihn glauben, ist unser Produkt. Auf den können wir verzichten. Seit Jesus gekommen, gestorben und auferstanden ist, kann jeder wissen, daß Gott lebt. Und jeder ist gerufen, sich abzukehren von den selbstgemachten Gottesvorstellungen. Wichtiger als das, was wir denken, ist das, was wir leben:

das Klammern an die Götzen, an denen unsere Sehnsucht nach Glück, Sicherheit und Anerkennung hängt und die uns kaputtmachen.
Das ist der Grund, warum Gott uns zur Umkehr ruft: Weil wir unser Leben auf diesem Weg zerstören. Wir zerbrechen an der letzten Station, wenn wir dem ewigen und heiligen Gott im Gericht gegenüberstehen. Und wir werden alle vor ihm stehen: Gläubige und Ungläubige, Zweifler, Atheisten und Christen, und er wird uns richten.
Ich las vor kurzem über die russische Bürgerrechtlerin Irina Ratuschinskaya. 1963 saß sie in Odessa in der Schule und langweilte sich schrecklich. Es wurde atheistische Indoktrination unterrichtet: Gott gibt es nicht. Nur ein paar Dummköpfe glauben an ihn. Irina sagte sich: „Wenn das stimmt, dann reicht es, wenn man das zwei- oder dreimal mitteilt, und dann ist es gut. Aber sie müssen es immer wieder und mit so viel Haß sagen. Das ist das beste Zeichen dafür, daß es Gott geben muß. Und er muß ziemlich stark sein, denn sie werden mit ihm nicht fertig."
Irina fing an zu beten zu dem Gott, den sie nicht kannte. Sie suchte, sie las Dostojewski, Puschkin, Tolstoi. Schließlich bekam sie eine Bibel in einer alten slawischen Sprache in die Hand. Sie lernte ein halbes Jahr lang das alte Slawonisch und las die Bibel. Sie lernte Jesus kennen und fand die offene Tür zu Gott. Sie folgte Jesus. Sie schrieb wunderbare Gedichte. Dann wurde sie verhaftet. Es folgten sieben Jahre Arbeitslager und sieben Jahre Verbannung. Erst 1986 wurde sie freigelassen.
Gott lebt, und er ruft alle überall zur Umkehr von den falschen Gottheiten. Das gilt für alle Teile der Welt: „Kehrt um und wendet euch diesem auferstandenen Jesus zu, in dem Gott für uns erkennbar wird."

Zweitens: Gott bietet jedem den Glauben an.
Wir sagen, der Glaube ist so ein unklares Gefühl, ein Vermuten. In der Bibel bedeutet glauben: festmachen. Jeder darf sein Leben voll Vertrauen an dem auferstandenen Jesus festmachen. Jesus wird das entscheidende letzte Wort als Richter über uns alle sprechen. Er möchte uns aber heute schon das befreiende Wort sagen: „Dir sind deine Sünden vergeben. Ich möchte dir von heute an Tag für Tag den Weg zeigen. Ich möchte dich versorgen, dich die Liebe spüren lassen, die stärker ist als der Tod."
Jesus bringt eine Liebe in die Welt, die der Tod nicht mehr zerstören kann. Er gibt uns eine Geborgenheit, die auch der Tod nicht mehr in Frage stellen kann. Er gibt Wegweisung, die auch der Tod nicht mehr durchkreuzen kann. Deshalb dürfen wir unser Leben bei ihm festmachen, unser Vertrauen auf ihn gründen: Wir werden nicht wie Treibholz weggeschwemmt. Hier ist der Felsengrund von Gottes Ewigkeit, der uns hält.
Kehrt um und vertraut diesem Jesus! Das ist das Angebot – heute ebenso wie damals. Wie war die Reaktion in Athen? Wie sie immer wieder ist. Es gab drei verschiedene Gruppen. Einige lachten, als Paulus von der Auferstehung der Toten sprach: „Der ist doch verrückt." Denen paßte Jesus nicht in die Schublade ihrer Vorurteile. Andere waren interessiert, schoben aber weiteres Nachdenken auf die lange Bank: „Das haben wir so noch nie gehört, doch so schnell lassen wir uns nicht darauf ein."
Das ist auch eine Möglichkeit: Ganz interessiert sein, aber die Dinge nicht klären. Wenn wir spüren, es könnte an mein Geld gehen, es könnte an meine Ehegeschichten gehen, an meinen Krach in der Familie, es könnte außerordentlich praktisch und alltäglich werden – dann verschieben wir die

Sache lieber erst einmal auf später. Am besten auf den Sanktnimmerleinstag.
Einige jedoch entschlossen sich, ihr Leben für Jesus zu öffnen und bei ihm festzumachen. Ein Stadtrat von Athen namens Dionysius gehörte dazu, eine Dame namens Damaris und noch einige weitere, die nicht namentlich genannt werden. Es war keine große Masse. Aber in diesem Intellektuellen-Kreis gab es ein paar gestandene Leute, die sich nicht genierten. Damaris war wohl eine stadtbekannte Geschäftsfrau und besaß einen vornehmen Laden. Sie hat verstanden: Erfolg ist nicht alles, Schönheit ist auch nicht alles. Ich brauche einen tieferen Halt, ich brauche Wahrheit in meinem Leben. Sie steht auf und sagt: „Ich möchte Jesus folgen." Da zukken andere zusammen und sagen: „Die? Das hätten wir nicht gedacht! Die ging doch bisher nicht in die Kirche. Hat die das nötig? Sie ist doch erfolgreich und reich und klug." Dann folgt der Stadtrat!
Leute in öffentlichen Positionen, in deren Leben alles beobachtet wird, tun sich besonders schwer. Wir sind der Schaufensterdekoration eine Menge schuldig. Manche Leute hätten längst einen Schritt zur Ehrlichkeit getan und würden so gerne eine Wende in ihrem Leben vollziehen. Aber weil man sich nicht nachsagen lassen will, ein Wendehals zu sein, läßt man es. Wie viele wichtige Entscheidungen sind weggeschoben worden aus Angst, man könnte das Gesicht verlieren. Damaris und Dionysius standen auf und sagten: „In unserem Leben soll etwas neu werden. Von jetzt an wollen wir Jesus folgen und ihm unser Leben öffnen."
In der Bibel steht: „Ich stehe vor der Tür und klopfe an" (Offenbarung 3,20). Vor der Tür des Lebenshauses, meint Jesus. Wer die Tür öffnet, mit dem will Gott Lebensgemeinschaft halten.

2

Im Blick auf die Vergangenheit: Leben mit neuem Programm

Die Nobelpreisträgerin für Literatur 1993, die Afro-Amerikanerin Toni Morrison, hat einen Roman mit dem Titel „Menschenkind“ geschrieben. Darin sagt sie, es sei schwere Arbeit, Tag für Tag erneut die Vergangenheit abzuwehren. Ja, das ist eine verzweifelt schwere Arbeit. Irgendwie muß man sie bewältigen. Aber was heißt „bewältigen“? Vergessen? Verdrängen? Wie soll das gehen?
Man möchte aus der Vergangenheit lernen. Nie wieder Krieg zum Beispiel. Die UNO zählt 189 Kriege und Bürgerkriege seit 1945. Und in einem Bericht der UNO heißt es: „Früher wurden Kriege von Armeen geführt. In den Kriegen des letzten Jahrzehntes starben mehr Kinder als Soldaten.“ Was haben wir gelernt aus der Vergangenheit?
Es hat Versuche gegeben, ganze Völker umzuerziehen. Die Ergebnisse waren nicht besonders überzeugend, die Methoden mies und menschenfeindlich. Wir können zwar Computer programmieren, aber es sind immer noch die alten Menschen, die mit neuen Computerprogrammen arbeiten.
Die Süddeutsche Zeitung berichtete, daß Forscher in den USA davon träumen, das Gehirn des Menschen mit dem Computer zu koppeln und so eine Mensch-Maschine zu schaffen. Durch die in den USA entwickelte Methode der Chip-Implantation sei dieser Maschinen-Menschentyp theoretisch möglich geworden, erklärte der Forschungsleiter der amerikanischen Computer-Firma Sun Microsystems (Kalifornien), Michael Deering, dem Fachblatt Computing.

Experten der amerikanischen Stanford-Universität hätten bereits mit Erfolg Computer-Chips in die Beine von Kaninchen eingepflanzt, sagte Deering dem britischen Magazin. An entsprechenden Forschungsprogrammen an Menschen hätten sich schon Freiwillige in Gefängnissen beteiligt. Fernziel der Versuche sei es, die Gehirne von Menschen irgendwann über einen „heißen Draht" an Computer und ihre Daten koppeln zu können.

Wenn das realisiert wird, kann man sich vielleicht im Geschäft eine neue Software kaufen und das Leben nach einem neuen Programm leben. Ich fürchte, es wird ein Horrorprogramm.

Ich möchte Ihnen die Geschichte von Nikodemus erzählen (vgl. Johannes 3,1-21). Er war Regierungsmitglied in Jerusalem, wohlhabend, einflußreich, nachdenklich. Er kam eines Nachts zu Jesus. Manche vermuten, er wollte nicht gesehen werden. Aber wahrscheinlich war nicht Feigheit, sondern Gründlichkeit der Grund dafür, daß er in der Dunkelheit kam. Im heißen Orient gab es unter intellektuellen Juden die Gewohnheit, die schwierigsten und tiefsten Lebensfragen in der Ruhe der Nacht zu besprechen, ohne Störung durch den Basarlärm und mit kühlem Kopf. Nikodemus sucht Jesus auf. Er ist ein höflicher Mann und beginnt das Gespräch mit einem Kompliment. Er sagt: „Rabbi, wir wissen, du bist ein Lehrer, von Gott gekommen. Denn niemand kann die Wunder tun, die du tust, es sei denn, Gott mit ihm." Jesus reagiert für orientalische Verhältnisse ziemlich unhöflich und kommt direkt zur Sache: „Tatsächlich, wenn jemand nicht von neuem geboren wird, kann er nicht unter Gottes Herrschaft leben."

Gottes Herrschaft – das heißt die Erfahrung machen, daß Gott lebt, daß seine Liebe unserem Leben Wärme und

Geborgenheit gibt und daß seine Wegweisung uns den Weg zu einem Leben zeigt, das gelingen kann. Aber das heißt auch, daß seine Schöpferkraft uns hilft zu tun, was er uns sagt, so daß wir endlich in Frieden und Gerechtigkeit miteinander leben. Leben unter Gottes Regie und aus Gottes Kraft: Das heißt Herrschaft Gottes. Ob wir Gott kennen oder nicht kennen, wir haben Hunger nach einem erfüllten Leben, in dem unsere Gaben zur Entfaltung kommen, wo wir Gemeinschaft erfahren, die trägt, wo unsere Sehnsucht nach Hoffnung und Liebe gestillt und nicht mißbraucht wird.

„Gott kennen heißt leben", hat Tolstoi gesagt.

„Das kann einer nur erfahren, wenn er von neuem geboren wird", sagt Jesus.

Nikodemus hatte erwartet, daß Jesus ihm sagt, was er tun soll, damit sich das Leben ändert und die Verhältnisse sich bessern. Nikodemus war bereit, an sich zu arbeiten. Es muß doch etwas zu reparieren sein! Aber Jesus sagt: „Nur eine neue Schöpfung, nur eine neue Geburt kann dich in Lebensverhältnisse bringen, in denen das Leben aufblüht unter der Regie Gottes."

Steht es so schlimm um unser Leben, daß man es nicht mehr reparieren kann? Wir wären uns bestimmt schnell einig, daß wir uns bemühen sollten, das Beste aus unserem Leben zu machen. Und nun kommt Jesus und sagt: „Stopp! Du täuschst dich. Es steht viel schlimmer mit deinem Leben. Das, was du getan hast, vielleicht noch viel mehr das, was du nicht getan hast, wo du geschwiegen hast und hättest reden sollen, wo du nicht geholfen hast und hättest doch helfen sollen – das hat zu viel zerstört. Es ist eine neue Geburt, eine Neuschöpfung nötig." All das, was unser Leben zerstört, nennt die Bibel Sünde.

Nikodemus ist das Ganze peinlich. Er fragt: „Soll ich denn wieder in den Leib meiner Mutter kriechen, oder wie stellst du dir das vor?“ Jesus setzt nach: „Wirklich, wenn jemand nicht von neuem geboren wird aus Wasser und Geist, kann er nicht in Gottes Herrschaft kommen.“

Aus Wasser und Geist. Was heißt das?

„Wasser“ ist in der Bibel ein Bild für die Vergebung der Schuld.

Wenn wir in Deutschland von Sünde reden, dann denken wir zum Beispiel an die Flensburger Verkehrssünder-Kartei, wo man Punkte bekommt, wenn man zu schnell gefahren ist. Oder wer ein Stück Sahnetorte zuviel gegessen hat, der hat „gesündigt“.

Aber Sünde ist nicht wie ein schmutziges Kleidungsstück, das wir ausziehen und in die Wäsche tun können. Meine Lüge und Rücksichtslosigkeit – sie sind unabänderlich mein Leben geworden. Wir können das verniedlichen und sagen: „Ist nicht so schlimm. Machen ja alle. Ist längst Gras drüber gewachsen. Die Verhältnisse waren schuld.“ Aber keiner kann dem anderen die Schuld abnehmen. Ich selbst kann mir die Schuld nicht abnehmen, Sie können mir meine Schuld nicht abnehmen, ich Ihnen Ihre auch nicht. Wir können keinen Neuanfang machen, weil wir die Klötze der Vergangenheit nicht loswerden. Wir versuchen sie abzuwehren, aber sie sind Bestandteil unseres Lebens geworden.

Nur der Schöpfer ist nicht den Begrenzungen von Raum und Zeit unterlegen. Er kann an jedem Ort und zu jeder Zeit gleich gegenwärtig sein. Gott ist nicht im Jenseits geblieben, er ist Mensch geworden in Jesus von Nazareth. Er ist auf unsere Ebene gekommen und hat sich unser Leben angezogen, auch unsere Lüge und unseren Haß. „Gott hat den, der von keiner Sünde wußte, für uns zur

Sünde gemacht“ (2. Korintherbrief 5,21). Er hat bis zur letzten Konsequenz gelebt, was wir begonnen haben. Er hat das Gericht Gottes am Kreuz erlitten, das wir verdient haben.

Die Bibel sagt, daß kein Mensch in den Augen Gottes richtig, gerecht ist. Nach Gottes Maßstäben ist keiner von uns „gut“. Wir sind die nötige Liebe schuldig geblieben. Wir haben Gott die Ehre geraubt. Dies alles zieht sich Jesus an und stirbt unseren Tod. Gott bestätigt diesen Kraftakt der Liebe, indem er Jesus auferweckt. Damit macht Gott deutlich: Am Kreuz stirbt kein gescheiterter Idealist. Am Kreuz trägt der Richter selbst für uns, an unserer Stelle, das Todesurteil. Wenn das Urteil vollstreckt ist, wird die Akte des Gerichtes geschlossen. Ein zweites Mal kann niemand verurteilt werden. Und ich darf hinzutreten und sagen: „Jesus, ich danke dir.“

Das meint Jesus, wenn er sagt, daß wir von neuem geboren werden müssen durch Wasser. Ich kann es nicht selbst tun. Es handelt sich nicht um eine religiöse Meinungsänderung oder eine moralische Reparatur. Es ist eine Geburt, die mir geschieht. Gott allein schafft das neue Leben, wenn ich bekenne: „Ja, das brauche ich, ich bin ein Dieb, ein Lügner, ein Ehebrecher. Ich verheimliche das Unrecht nicht mehr.“ Dann vergibt Gott. Die Vergangenheit trennt uns nicht mehr von ihm. Sie schließt uns nicht mehr aus der Lebensgemeinschaft unter seiner Herrschaft aus.

Nach einer meiner Predigten sprach mich ein junger Mann an, ziemlich spitz und kritisch. Gott wäre doch nur eine Illusion. Ich würde die Leute verdummen. Ob ich ihm denn zeigen könne, daß Gott wirklich existiert. Ich sagte: „Ja.“ – „Und wie?“ – „Unter einer Bedingung: Daß Sie bereit sind, ehrlich zu werden. Wenn Sie bereit sind, ehrlich zu werden

mit ihrem Leben, dann werden Sie erfahren, daß Gott lebt."
Glasklar. Ich war gespannt, wie er reagieren würde.
Plötzlich brach es aus ihm heraus. Er berichtete sein ganzes Drogendealer-Leben mit allen miesen Zutaten. Am Ende einer langen Geschichte beteten wir laut miteinander. Wir baten Gott um Vergebung. Ich sprach ihm im Namen des Jesus Christus die Vergebung der Sünden zu, weil Jesus am Kreuz alles getragen hat. Ich fragte ihn: „Willst du das annehmen?" Er sagte: „Ja." Ich sah, wie ein Leuchten über sein bleiches Gesicht ging. Wir dankten Gott zusammen, und er wußte: Gott lebt.
Dann sagte er: „Jetzt geh' ich zur Polizei. Ich muß das alles auch mit Menschen in Ordnung bringen." Ich erschrak, schilderte ihm die möglichen Konsequenzen und bat ihn, nichts zu übereilen. Er wollte sich nicht abhalten lassen. Ich erreichte schließlich, daß ich wenigstens am nächsten Tag zuerst mit dem Beamten des Rauschgiftdezernats jener Stadt sprechen konnte. Der staunte nicht schlecht über meinen Bericht und schilderte mir die Folgen, die der junge Mann zu erwarten hatte.
Ich holte meinen jungen Freund von seiner Arbeit ab und teilte ihm alles mit. Er lachte und ließ sich nicht von seinem Vorhaben abbringen. Wir gingen gemeinsam zur Polizei. Zwei Stunden lang diktierte er dem Beamten seine traurige Geschichte Stück für Stück in die Schreibmaschine. Aber es war wie eine Befreiung. Die frische Luft der Ehrlichkeit wehte durch den Raum. Ein Wunder, das Gott geschaffen hatte.
Das ist Neugeburt. Man kann nicht selbst beseitigen, was einen kaputtmacht. Ich kann mir meine Sünden nicht vergeben. Das Geschenk Gottes widerfährt mir, wie mir die Geburt widerfährt.

Nikodemus war sicher kein Drogendealer. Jeder hat seine eigenen dunklen Geheimnisse. Jesus sagte zu Nikodemus: Wenn jemand nicht von neuem geboren wird ... Das Wort, das an dieser Stelle im griechischen Neuen Testament steht, kann sowohl „von neuem" bedeuten als auch „von oben", das heißt von Gott. Um beides geht es hier: Wirklich von neuem geboren werden können wir nur, weil Gott etwas an uns tut, was wir nicht selbst tun können.

Was bedeutet „durch Geist"? Damit sind nicht unsere Gedanken oder das Geistige gemeint. Jesus redet von Gottes Geist. Es ist ein Wunder passiert: Gott selbst kommt in unser kleines Leben. Sein Schöpfergeist ist Licht und wirkt in uns. Wenn das Licht angeht, ist das nicht immer eine angenehme Erfahrung. Weil Licht auch weh tun kann, wenn es das im Dunkeln Verborgene und Versteckte aufdeckt, deshalb haben wir ein solch gespaltenes Verhältnis zum Licht: Wir sehnen uns einerseits danach, andererseits verkriechen wir uns gern.

Jesus hat gesagt: „Das Licht ist in die Welt gekommen." Er redet von sich selbst. „Aber die Menschen liebten die Dunkelheit mehr als das Licht, denn ihre Taten waren böse." Das gibt es: Das Licht Gottes geht an, man spürt es in seinem Gewissen. Alte Dinge werden wach, von denen man dachte, es sei „Gras darüber gewachsen", und die man so schön entschuldigt und verdrängt hatte. Dann versucht man wegzutauchen wie die Kellerassel in die Ritze, wenn das Licht angeht.

Gott macht in uns Licht – das ist das Werk des Heiligen Geistes. Plötzlich sehe ich Jesus am Kreuz, wie er für mich gestorben ist. Und der Heilige Geist macht mich dessen gewiß. Es handelt sich nicht um eine meiner Einbildungen. Mit Einbildungen möchte ich nicht leben, damit kann ich

auch nicht sterben, denn sie werden zerplatzen wie Seifenblasen. Ich brauche schon Solideres. Gott selbst stellt sich neben mich als Zeuge, und durch seinen Geist spricht er in mein Gewissen hinein: „Du bist mein Kind.“ So steht es in der Bibel. Gottes Geist macht eine Zeugenaussage gegenüber unserem Geist, daß wir Gottes Kinder sind.
Die neue Geburt hängt nicht davon ab, ob ich Sie überzeugen kann. Sie hängt nicht von meinen Argumenten ab, sondern ganz allein davon, daß Gott in Ihnen Licht macht.
Der Heilige Geist ist nicht nur Licht, er ist auch ein starker Antrieb, ein Motor, der in uns das Verlangen weckt, den Willen Gottes kennenzulernen und ihn zu tun. Ängstlichkeit und Feigheit sind verschwunden, mit denen man nach rechts und links sieht, ob man auch so ist, wie einen die anderen haben wollen.
Plötzlich wächst eine Leidenschaft: „Jesus, ich möchte wissen, was du willst.“ Und ein Hunger, die Bibel zu lesen. Das ist Gottes Programm für unser Leben. Lesen Sie in den Evangelien, was Jesus getan hat, was er gesagt hat, wer er ist, wie er gelitten hat, wie er gestorben ist, wie Gott ihn auferweckt hat, wie er die ersten Menschen gerufen und ihr Leben neu gestaltet hat.
Es kommt nicht nur ein Verlangen, Gottes Pläne für meinen Alltag kennenzulernen, sondern es wächst auch eine Kraft, den Willen Gottes zu tun. Anders wäre ich längst verzweifelt, denn ich kann es nicht aus mir heraus. Ich habe es oft genug versucht und bin auf die Nase gefallen. Ich sage: „Jesus, wenn du willst, daß in meinem Leben etwas anders werden soll – ich möchte auch gerne, daß etwas anders wird –, dann zeige mir, was es sein soll. Aber dann schaffe es auch durch die Schöpferkraft deines Geistes, denn ich kann es nicht von mir aus.“

Er sagt: „Ich will es tun. Du sollst von neuem geboren werden. Ich will dir mit der Vergebung der Sünden die Vergangenheit wegnehmen, das, was dich belastet und von Gott trennt. Mit dem Licht und dem Antrieb des Heiligen Geistes möchte ich dich vorwärtsbringen, daß du die Spur der Ehrlichkeit leben kannst und die Leidenschaft zur Gerechtigkeit kennenlernst."

Der Geist Gottes schafft in uns noch etwas. Er lehrt uns das Sprechen mit Gott. Wenn Sie sagen: „Ich kann nicht beten", dann ist das wahr. Wir alle können von Natur aus nicht beten. Und wenn wir es zwanghaft aus uns selbst heraus versuchen, ist es nichts als Krampf, und wir geben wieder auf. Jesus will es uns schenken.

Ich weiß nicht, ob Sie sich jetzt freuen oder eher verärgert sind. Manchmal ist man ja zu stolz. Ich könnte mir auch vorstellen, daß Nikodemus damit seine Schwierigkeiten hatte. Wenn wir gesagt bekommen: „Fehler haben wir alle, und im Kern bist du gut. Nun bemüh' dich mal und tue noch dies und jenes", dann fühlen wir uns geschmeichelt. Wir haben es geschafft. Aber es ist gegen unsere Eitelkeit, gesagt zu bekommen: „Mit dir steht es so, daß du dir letzten Endes nicht mehr selbst helfen kannst. Es ist nötig, daß dir jemand Hilfe schenkt."

Wer läßt sich schon gerne etwas schenken? Manche sagen: „Und wie bekomme ich es dann? Ist das wie beim Großen Preis: Einer zieht das große Los, und Tausende ziehen die Nieten? Wer glauben kann, hat Glück gehabt, und die anderen gucken in die Röhre!" Nein, ein Geschenk, das Gott macht, ist für jeden da; keiner wird abgewiesen.

Am Anfang des Johannesevangeliums steht der gewaltige Satz: „Er (Gott in Jesus) kam in sein Eigentum." Diese Welt gehört ihm, er hat sie gemacht. Ihr Leben gehört ihm, er hat

Sie geschaffen. „Aber die Seinen (die ihm eigentlich gehörten) nahmen ihn nicht auf." Und dann geht es wunderbar weiter: „Wie viele ihn aber aufnahmen, denen gab er Macht, Gottes Kinder zu werden, die an seinen Namen glauben" (Johannes 1, 11-13). Da geschah dieser Schöpfungsakt – durch Vergebung der Sünden und durch seinen Heiligen Geist –, daß aus Feinden, die ihm den Rücken gekehrt hatten, Kinder Gottes wurden, die in der Gemeinschaft mit ihm leben. Öffnen, aufnehmen sind die einzigen Voraussetzungen.

Ist das nicht zu einfach? Bedenken Sie: Es ist so schwer, daß wir es selbst nicht können. Alles hat Jesus getan, in einem Kraftakt der Liebe am Kreuz und in der Auferstehung. Es ist nicht einfach, wahrhaftig nicht. Die Allmacht Gottes mußte in der Liebe ans Werk gehen, um unser Leben noch einmal auf die Beine zu stellen.

Aber auf unserer Seite ist es kinderleicht, weil uns nichts anderes bleibt, als leere Hände auszustrecken und zu sagen: „Danke, danke. Ich gebe dir recht. Ich verstecke mich nicht mehr im Dunkeln. Ich rede mich nicht mehr mit fadenscheinigen Entschuldigungen heraus. Ich schiebe es nicht mehr anderen in die Schuhe. Danke, Gott, daß du mich liebst. Heute komme ich zu dir." Das allein ermöglicht einen Neuanfang.

Gottes Geist schafft auch eine herzliche Verbindung mit Menschen, die einem vorher egal waren. Er bewirkt die Bereitschaft zu teilen, füreinander zu sorgen.

Ein Neuanfang wird erst dann geschehen, wenn wir vor Gott bedingungslos kapitulieren. Wenn wir vor ihm die Waffen strecken und die Flucht beenden. Gott bietet uns Frieden an. Die Veränderung beginnt mit uns. Denken Sie nicht zu klein von sich!

3

Im Spannungsfeld von Leben und Tod: Warum läßt Gott das alles zu?

Warum läßt Gott das alles zu? – Das ist ein sehr schwieriges Thema. Aber ich will nicht ausweichen. Viele Menschen stellen diese Frage.

Wir sehen die grauenhaften Bilder aus den Kriegsgebieten und Flüchtlingslagern vor uns. Täglich sterben Menschen durch Unfälle und an Krebs. Auch junge Menschen, Menschen, die von anderen noch so dringend gebraucht werden. Brennender und schmerzender wird die Frage noch, wenn wir ganz persönlich von Leid betroffen sind. Wenn es die eigene Familie, die eigenen Freunde trifft, sind wir um so mehr geschockt.

Ich habe lange Zeit in Essen als Jugendpfarrer gearbeitet. Ich werde nie vergessen, wie ein 18jähriger Mitarbeiter Knochenkrebs bekam. Zehn Monate haben wir die Krankheit mit ihm, seinen Eltern und vielen Freunden durchlitten. Da tauchen bohrende Fragen auf.

Vor zehn Jahren besuchte ich ein Flüchtlingslager im Sudan an der Grenze nach Äthiopien. 50 000 Flüchtlinge waren in wenigen Tagen dort angekommen. Es gab keine Nahrung, keine sanitären Anlagen, keinen Arzt. Der internationale CVJM hatte mit der Versorgung der am stärksten gefährdeten Kinder begonnen.

Ich ging durch das Lager. Plötzlich faßte eine Frau meine Hand und zog mich zu dem Lagerplatz ihrer Familie. Wir konnten uns nicht verständigen, aber ihre Sprache war eindeutig. Da lag auf der Erde ihr kleines, sterbendes Kind.

Abgemagert und mit tiefliegenden, großen Augen. Zu schwach, um sich noch zu bewegen. Die Mutter wies verzweifelt auf ihr Kind. Sie erwartete von mir Hilfe. Ich konnte nichts tun, ich mußte weggehen. Es war entsetzlich. Für dieses Kind kam unsere Hilfe zu spät.
Warum? Ich habe keine Erklärung. Eins habe ich aber inzwischen begriffen: Durch Ausführungen philosophischer oder theologischer Art ist keinem Leidenden geholfen.
Warum brauche ich die Antwort auf die Warum-Fragen? Damit ich mich beruhigt im Sessel zurücklehnen und sagen kann, daß das ganze Elend in dieser Welt doch eine größere Ordnung hat, daß ich mich nicht weiter darüber aufzuregen brauche? Vielleicht brauchen wir diese brennenden Wunden der offenen Fragen, die uns nicht ruhen lassen und manchmal den Panzer unserer verhärteten Gewissen durchbrechen, die noch einmal herankommen an den Nerv unseres Lebens und uns wachmachen.
„Gut", sagen Sie, „das mag ja sein. Aber wenn es dieses schreckliche Leid gibt, dann kann es Gott nicht geben. Jedenfalls keinen Gott der Liebe und Gerechtigkeit. Sonst würde er das nicht zulassen." Meinen Sie wirklich, das Leid der Menschen wäre gerade gut genug als Munition, um Gott damit abzuschießen? Unsere selbstgebastelten Gottesvorstellungen vom lieben Gott, vom höheren Wesen, platzen wie Luftballons, wenn sie mit der harten Wirklichkeit in Berührung kommen.
In jenem Flüchtlingslager im Sudan habe ich eine wichtige Lektion gelernt. Auf dem Weg durch das Lager sah ich eine Frau einen Brotfladen backen. Eine Eisenplatte lag auf ein paar Steinen über dem Feuer. Sie strich den Teig auf die Platte. Ich sah, wie sie mit dem Holz in den Brotfladen ein Kreuz zeichnete. Ein Begleiter machte mich darauf auf-

merksam: Sie sind Christen. Das Brot der Hoffnung mit dem Zeichen des Kreuzes!
Abends erleuchteten die Feuer das schier endlose Lager, und irgendwo fingen Menschen an zu singen. Dann breitete sich der Gesang aus. Mitten in diesem Elend gab es Lieder der Hoffnung. Damals habe ich begriffen wie nie zuvor: Mitten in diese grauenhafte Welt hat Gott das Kreuz gestellt. Da zeigte er sich selbst, da gab er sich zu erkennen. In der Welt, die tausend Fragen schmerzlich offenläßt wie brennende Wunden, gibt es die eine Antwort, das eine große Ja der Liebe Gottes. Das ist das Orientierungskreuz, das Koordinatenkreuz.
Nein, ich kann Ihnen nicht auf alle Warum-Fragen eine Antwort geben. Aber die eine Frage will ich Ihnen beantworten: Warum läßt Gott das zu, daß der gerechte Jesus leiden und sterben muß, wie er es nie und nimmer verdient hat? Bis dahin, daß er ruft: „Mein Gott, mein Gott, warum hast du mich verlassen?“ (Matthäus 27, 46) Und Gott schweigt. Der Himmel ist verschlossen und dunkel. Ist das die Liebe Gottes? Wie kann er das zulassen? Es ist unbegreiflich.
Mit 14 Jahren bin ich Christ geworden; seitdem buchstabiere ich an diesem Geheimnis. Ich begreife es nicht, aber ich lebe jeden Tag davon. Es will in meinen Schädel nicht hinein, daß der allmächtige Gott sich so klein macht und Mensch wird wie unsereiner, daß er in unser Elend, unsere Kümmerlichkeit und unsere Tränen kommt.
Wir schieben das Unrecht dieser Welt gern Gott in die Schuhe, aber für einen ganz großen Teil sind wir Menschen verantwortlich. Wo wir uns selbst als letzte Instanz, als Gott aufspielen, da erleben wir, daß der Mensch für den Menschen zum Wolf wird.
Jesus, der nur Gutes vollbracht hat, fällt unter die Wölfe, die

ihm den Prozeß machen. Sie verbiegen das Recht, spucken ihn an, foltern ihn, sie drücken ihm Dornen ins Gesicht bis es blutet und sagen: „So, jetzt bist du als König dekoriert. Du siehst wunderbar aus!“ Dann hängen sie ihn auf. Die ganze Gewalt und Lüge, zu der wir Menschen fähig sind, tobt sich an ihm aus.

Ich habe mich immer gefragt, wie man als denkender Mensch nach Auschwitz und nach den Grauen des Zweiten Weltkriegs, die wir angerichtet haben, noch an den guten Kern des Menschen glauben kann. Ich bin fassungslos, wie viele Menschen ich treffe, die mir sagen: „Im Kern sind wir doch gut.“ Angeblich sind wir nur Opfer der schlechten Verhältnisse.

Ich liebe die Bibel, weil sie mir eine ungeschminkte Wahrheit sagt und nicht das, was ich hören möchte. Jesus hat gesagt: Aus dem Herzen (also aus dem Kern, dem Zentrum) der Menschen kommen böse Gedanken – Unzucht, Diebstahl, Mord, Ehebruch, Habgier, Bosheit, Arglist, Ausschweifung, Mißgunst, Lästerung, Hochmut, Unvernunft. All diese bösen Dinge kommen von innen heraus (Markus 7,21-23). Das sagt er von einem jeden von uns. Mich wundert es nicht, daß viele Leute mit der Bibel nichts zu tun haben wollen. Wir lieben die Literatur, die uns nach dem Munde geschrieben ist. Wir lieben die Aussagen, die uns bestätigen.

An der Kreuzigung des Jesus Christus können wir ablesen, wie Gott unser Verhalten beurteilt. Unser Leben ist eine einzige Beleidigung des heiligen Gottes. Wir Menschen verursachen die Kriege im Kleinen und im Großen. Wir zerstören die Natur und verursachen Hungerkatastrophen. Selbstherrlich tun wir, was wir heute für erfolgversprechend und gewinnbringend halten. Über Risiken und Nebenwirkungen machen wir uns kaum Gedanken und übernehmen keine Verantwortung. Das lassen wir unsere Kinder ausbaden.

Wer begreifen will, wie es wirklich um uns Menschen steht, der muß auf das Kreuz des Jesus Christus schauen. Dort vollzieht Gott stellvertretend an dem gerechten Jesus das Todesurteil über uns. Aber darin zeigt Gott zugleich seine tiefe, starke, heilige Liebe. Er will nicht, daß wir ins Verderben rennen. Gott möchte auf uns nicht verzichten. Er kennt mich, wie ich bin. Er kennt meine geheimsten Gedanken und Worte und Taten.

Ich gebe zu, Sie würden vermutlich nicht sehr sympathisch von mir denken, wenn Sie wüßten, wozu ich in meinen Gedanken, Worten und Werken schon fähig war. Und ich bin so unhöflich zu sagen: Wenn wir von unseren Bekannten wüßten, was sie in ihrem Leben schon gedacht, gesagt oder getan haben, dann würden wir nicht so oft mit ihnen zusammensitzen.

Es ist eine Barmherzigkeit, daß wir nicht alles voneinander wissen. Es ist leicht, Menschen zu lieben, solange man nur ihre Schokoladenseite kennt. Aber wenn die abgelutscht ist und das Bittere hervorkommt, dann kühlt die Liebe etwas ab. Gott kennt mich bis in die letzte Wurzel meiner Motive, und er wendet sich nicht angeekelt ab, sondern streckt am Kreuz die Arme aus und sagt: „Glaub's mir doch. Ich lasse mich annageln für dich. Ich habe dich lieb."

Sie sind ihm wichtig. Sie sind keine Nummer. Er liebt Sie, wie Sie sind, mit all den schönen Dingen in Ihrem Leben, Ihren Begabungen, Ihren Träumen und Sehnsüchten, und mit den bösen Dingen in Ihrem Leben. Er nimmt nicht nur das Schöne, sondern er liebt Sie brutto. Das ist das Wunder. Warum läßt Gott das zu? Er sprengt alles, was wir auf religiöser Ebene erfinden könnten. Deshalb haben die Religiösen und die Moralischen sich immer so schwer getan mit Jesus; er hat nie in irgendwelche Schubladen gepaßt. Gott stellen wir uns anders vor, nicht als einen Gekreuzigten. Das ist unappetitlich.

Wir können auch von zeitgenössischen Intellektuellen Texte lesen, die sich darüber ereifern, daß die Christen so ein schreckliches, grauenhaftes Symbol wie das Kreuz als Lebenssymbol haben. Bis heute hat sich an der Empörung nichts geändert. Könnte Gott es nicht etwas schöner machen, etwas erhabener, philosophischer und ästhetischer?

Ich will Ihnen einen Vergleich erzählen. Den erlebe ich immer wieder. Wir wohnen in Kassel an einer großen Ampelkreuzung. Auf der anderen Seite der Kreuzung liegt die Hauptwache der Feuerwehr. Tag und Nacht hören und sehen wir, wie die Löschzüge und Rettungswagen mit Martinshorn und Blaulicht auch bei Rot über die Kreuzung rasen. Das stört furchtbar. Es hört sich schrecklich an. Manchmal springen wir auf und sehen, wie viele Wagen ausrücken. Dann wissen wir: Irgendwo muß etwas Schlimmes passiert sein. Wir haben nichts davon bemerkt, haben nichts gesehen. So weit ist es weg. Aber dieser schmerzhaft laute Rettungseinsatz macht uns darauf aufmerksam: Menschen sind in Lebensgefahr. Da müssen die Rettungsleute ausrücken und können auf unsere Mittags- oder Nachtruhe keine Rücksicht nehmen.

Das ist mir zu einer ständigen Predigt geworden. Auch ich habe gedacht: „Das Kreuz ist doch gegen jeden guten Geschmack. Gibt es denn nichts Schöneres? Kein Wunder, daß die Leute sich abwenden und sich etwas anderes suchen.“ Und dann wurde mir deutlich: Wenn Gott eine solche Rettungsaktion startet, wie schlimm muß es dann um mich stehen. Das habe ich gar nicht gewußt.

Am Kreuz zeigt uns Gott: Das bist du! Diesen Tod hast du verdient. Aber Jesus ist für dich gestorben. Bitte, erkenne das an! Rede dich nicht heraus. Entschuldige und beschönige nichts. Du kannst deine Verlorenheit zugeben. Jesus nimmt ja alles auf sich. Du bist frei. Damit keiner sagen kann, er sei zu tief unten, zeigt uns Gott: So tief, wie Jesus gegangen ist, kann keiner gehen. Er will nicht, daß auch nur einer sagt, er sei ein aussichtsloser Fall!
Gott stellt das Kreuz mitten hinein in unsere grauenhafte Welt. In der Heiligen Schrift steht der herausfordernde Satz: „Ich bin gewiß, daß weder Tod noch Leben, weder Engel noch Mächte noch Gewalten, weder Gegenwärtiges noch Zukünftiges, weder Hohes noch Tiefes noch irgendein anderes Geschöpf uns scheiden kann von der Liebe Gottes, die in Christus Jesus ist, unserm Herrn" (Römerbrief 8, 38 f.).
Über Theologie kann man diskutieren, über Ideologie und Philosophie auch, über Moral ebenfalls – aber über Liebe? Liebe sehnt sich nach Antwort. Stellen Sie sich vor, da sagt ein Junge zu einem Mädchen: „Ich liebe dich." Und intellektuell geschult, wie sie ist, antwortet sie: „Das ist ein schönes Thema. Laß uns mal darüber diskutieren." Der wird sie putzig finden! Liebe hungert nach Antwort. Gott verzehrt sich in der Liebe zu uns und sagt: „Ihr müßt nicht vor die Hunde gehen." Und wir antworten: „Interessant! Wir sollten mal darüber diskutieren. Wir könnten mal ein Seminar machen."
Was sollen wir denn tun? Nur eins – Gott recht geben. Sagen Sie: „Ja, dieses Urteil habe ich verdient. Ich bekenne mich schuldig. Dankbar nehme ich an, daß Jesus an meiner Stelle das Urteil getragen hat."
Wie sieht dieses Leben, das Gott uns ermöglicht, aus – auch in einer Welt des Leidens? Die Bibel berichtet uns von

Ereignissen, die wie Modelle und Wegweiser für unser Leben sind. Eins davon will ich aufgreifen (vgl. Johannes 9): Jesus geht mit seinen Freunden und Schülern durch Jerusalem. An der Straße sitzt ein blinder Bettler. Die Freunde fangen plötzlich an zu diskutieren. Die Warum-Frage steht zur Diskussion: „Wer ist schuld an der Not dieses blinden Bettlers?“ Sie waren wie viele damals und heute gewohnt zu denken, daß Leiden eine Strafe sein müsse. Das ist eine merkwürdige Ansicht, die sich in den Köpfen festgesetzt hat. Angehörige von Schwerkranken haben mich gelegentlich gefragt: Was hat er denn getan, daß er so leiden muß? Wenn es uns gut geht, dann stellen wir die Frage natürlich nicht. Daß es uns gut geht, nehmen wir als Bestätigung dafür, daß wir gut sind. Wieso eigentlich? Die Bibel fragt uns: „Weißt du nicht, daß dich Gottes Güte zur Umkehr leitet?“ (Römerbrief 2, 4).

Es ist die unverdiente Gnade Gottes, daß wir atmen und essen, schlafen und arbeiten können. Wenn Gott uns geben würde, was wir verdient haben, dann würden wir keine Minute mehr in Frieden leben. Jesus sagt in seiner Hauptrede, sozusagen in seiner Regierungserklärung (man nennt sie Bergpredigt): „Gott läßt seine Sonne aufgehen über Böse und Gute und läßt regnen über Gerechte und Ungerechte“ (Matthäus 5, 45). Das ist eine Barmherzigkeit, mit der er uns zur Einsicht und Umkehr lockt.

Zurück nach Jerusalem. Die Studenten, die mit Jesus leben, diskutieren über den blinden Bettler. Ihr Problem ist folgendes: Der Bettler wurde bereits blind geboren. Wer ist also schuld an seinem Leiden? Er selbst? Das geht nicht. Seine Eltern?

Die Studenten fragen Jesus. Schließlich steht die Gerechtigkeit Gottes zur Diskussion. Jesus gibt eine überraschende

Antwort: „Es hat weder dieser gesündigt noch seine Eltern, sondern es sollen die Werke Gottes offenbar werden an ihm“ (Johannes 9,3).
Jesus wischt die Warum-Frage vom Tisch. Jetzt geht es um die Wozu-Frage. Er fragt nach vorne, nicht nach hinten. Das ist der Punkt. Wenn wir endlich aufhören, nach hinten zu fragen, werden wir frei zu fragen: „Herr, was hast du mit uns vor? Was hast du uns zu sagen?“
Was hat Gott jetzt mit diesem Mann vor? Was soll in seinem Leben geschehen? Das ist die Frage.
Die Antwort lautet: Gottes Wirken soll an ihm deutlich erkennbar werden. Und noch mehr: „Wir müssen die Werke dessen wirken, der mich gesandt hat, solange es Tag ist; es kommt die Nacht, da niemand wirken kann“ (Johannes 9,4).
Jesus heilt den Blinden auf eine merkwürdige Weise. Er spuckt auf die Erde und macht dann Lehm daraus, schmiert diesen auf die Augen des Blinden und schickt ihn zu einem Teich zum Waschen. Als er zurückkommt, kann der Mann sehen.
Jesus geht mit jedem Menschen einen ganz besonderen Weg. Und er möchte wirken, in jedem Leben auf irgendeine Weise, wenn wir uns öffnen und nicht verbarrikadieren. Liebe bricht nicht ein, Liebe kann nicht vergewaltigen, sie zwingt nicht. Sie wirbt, sie bittet. Aber wenn ihr die Tür vor der Nase zugeschlagen wird, dann steht sie draußen.
Warten Sie nicht darauf, daß der allmächtige Gott mit der Brechstange bei Ihnen hereinkommt! Er wirbt leidenschaftlich durch das Kreuz Jesu um Sie und wartet darauf, daß Sie ihm öffnen. Er möchte Ihr Leben ordnen, so daß Sie Gemeinschaft mit ihm finden. Und dann möchte er Sie gebrauchen, auch wenn Sie, oder gerade wenn Sie Leid-

erfahrungen gemacht haben; er möchte Sie für andere zu einem Werkzeug des Friedens machen.
Ich denke an einen Mann, dessen Leben der Alkohol zerstört hat. Sein Beruf und seine Familie sind daran zerbrochen, seine Gesundheit war ruiniert. Freunde brachten ihn schließlich in einer Reha-Kur mit Jesus in Verbindung. Er sah plötzlich wieder Sinn in seinem Leben. Er spürte: „Ich bin geliebt. Ich bin wer! Ich brauche nicht mehr zu fliehen vor meiner eigenen Verantwortung und vor mir selbst."
Das bewirkte einen Heilungsprozeß in seinem Leben. Er wurde ein Mensch, der aus der Dankbarkeit für die Liebe Gottes lebt. Er arbeitet jetzt für Menschen, die selbst vom Alkoholismus bedroht sind, und erfährt, daß er mit seiner Lebensgeschichte manchem Menschen eine wirkliche Hilfe sein kann. Weil sie wissen, daß er all die Not am eigenen Leib erfahren hat, hat er für diese Menschen ein helfendes Wort.
Und dann sagte er mir – das hat mich tief beeindruckt: „Jetzt kann ich Gott manchmal sogar danken für all das Schreckliche, das ich durchgemacht habe. Er hat alle miesen Dinge meines Lebens verwandelt in ein Kapital der Hilfe. Ich darf jetzt anderen dienen."
Ich erfahre immer wieder, daß besonders die Menschen, die durch schweres Leid gegangen sind und gehen müssen, auf eine Weise ein helfendes Wort haben, wie die vom Leid wenig Betroffenen es nie und nimmer hätten.
Lassen Sie mich das als Indiz dafür nehmen, daß Gott jeden Menschen auf eine besondere Weise gebrauchen will. Er will unser Leben ordnen, so daß wir einen Halt haben – trotz tausend ungeklärter, oft schrecklich quälender Fragen. Es wird uns noch viel, viel Not die Tränen in die Augen treiben, bis er eines Tages kommen wird als der Vollender

der Weltgeschichte, der auferstandene Jesus. Aber unterwegs wird auch getröstet und geholfen, wird das Brot der Hoffnung ausgeteilt zur Stärkung auch auf schweren Wegen, im Zeichen des Kreuzes Jesu. Dafür sind wir auf dieser Welt, um einander das Brot der Hoffnung zu reichen, das Jesus heißt, in Wort und Tat die Liebe Gottes weiterzugeben.

Es hilft nicht, daß wir über eine unbarmherzige Welt klagen. Wir brauchen Menschen, die Kostproben der Barmherzigkeit Gottes für andere sind, so daß sie schmecken: Gott hat die Welt nicht aufgegeben, sondern er sorgt sich um uns. „Gott will, daß allen Menschen geholfen wird und sie zur Erkenntnis der Wahrheit kommen" (1. Timotheusbrief 2, 4). Wenn Sie von schwerem Leid getroffen und gelähmt sind, wenn Sie drauf und dran sind, bitter zu werden: Die Arme des gekreuzigten Jesus sind die ausgebreiteten Arme Gottes für Sie. Er will heute in Ihr Leben hineinsprechen und hineinwirken.

Wenn Sie vom Leid anderer mitgenommen und ratlos sind: Jesus möchte Sie zum Werkzeug seiner Liebe machen. Öffnen Sie sich ihm, nehmen Sie selbst die Liebe auf, damit Sie trotz der schmerzenden unbeantworteten Warum-Fragen tatkräftig helfen können. Gott überfordert Sie nicht. Er will Sie zuerst beschenken und ausrüsten für den Hilfsdienst.

4

Dem Selbstwert auf der Spur:
Wer bin ich? Bin ich wer?

Die meisten von uns sind sehr auf ihre Gesundheit bedacht: Die Nahrung muß unter anderem genug Vitamine enthalten. Wenn zum Beispiel Vitamin B1 fehlt, können bestimmte Nervenkrankheiten auftreten. Aber Sie wissen ja: „Vitamin B" – das steht auch für Beziehungen. Gute Beziehungen sind für Beruf und Geschäft außerordentlich nützlich. Über unredliche Ausnutzung von Beziehungen will ich gar nicht reden. Beziehungen sind das halbe Leben.

Nein, Beziehungen sind das ganze Leben. Wir können ohne Beziehungen gar nicht existieren. Nur durch Beziehungen zu Mutter und Vater kommen wir ins Leben. Nach der Geburt brauchen wir lebensnotwendig Menschen, die uns versorgen, sonst überleben wir keinen einzigen Tag. Wer von anderen Menschen völlig isoliert wird, stirbt seelisch und zuletzt körperlich.

Wir unterhalten ebenso lebensnotwendige Beziehungen zur Natur, zum Sauerstoff, zur Nahrung. Ohne Nahrung sterben wir, durch vergiftete Nahrung werden wir krank.

Wir haben auch eine Beziehung zu uns selbst. Ich hörte, wie jemand sagte: „Manchmal könnte ich mich küssen." Der fand sich selbst toll. Andere stecken voller Minderwertigkeitskomplexe. Sie erwecken den Eindruck, als wollten sie sich dauernd dafür entschuldigen, daß es sie überhaupt gibt.

Steht ein Mann morgens vor dem Spiegel, sieht in das zerknitterte Gesicht und brummt: „Ich kenn' dich zwar nicht,

ich mag dich auch nicht, aber ich rasiere dich trotzdem." Nicht immer geht es so gutmütig ab.
In einer großen deutschen Tageszeitung las ich einen Artikel von zwei türkischen Journalisten über Schwierigkeiten, die viele Deutsche mit Fremden haben. Der Titel lautete: „Die Kehrseite des Selbsthasses ist der Haß auf andere". Wenn ich zu mir selbst keine positive Beziehung habe, dann lasse ich das an anderen aus.
Wir machen uns Gedanken darüber, warum es so viel brutale Gewalt in unserer Gesellschaft gibt. Wenn ein Mensch überhaupt kein Selbstwertgefühl mehr hat, dann schlägt er zu, wenn er kann. Damit beweist er sich und anderen, daß wenigstens das Opfer noch schlechter dran ist als er selbst. Der Haß breitet sich aus in brutaler Gewalt. Es ist völlig naiv zu denken, wir könnten diese Not – daß Menschen nicht mehr wissen, wer sie sind, sich selbst nicht bejahen und annehmen können – mit ein bißchen Aufklärung und ein paar Informationen über die Geschichte und die Gegenwart einfach ausfüllen. Hier wirken viel tiefere Kräfte!
Wir reden nicht über ein paar philosophische Gedanken zur Identitätsfrage, es geht hier um Überlebensfragen – für einzelne Menschen, aber auch für unsere Gesellschaft.
Menschen sind Beziehungswesen. Das ist unser Schicksal. Wir leben in einem Geflecht von Beziehungen – das ist unumstritten. In den letzten Jahren ist es uns besonders bewußt geworden: In allen drei Beziehungsebenen, die von uns zur Kenntnis genommen werden, haben wir Krisen.
Wer bin ich? – Eine Identitätskrise.
Wir sehnen uns nach vertrauensvollen, gelingenden Beziehungen, doch jede dritte Ehe wird geschieden. Viele trauen sich schon gar nicht mehr zu heiraten.
Seit Anfang der 70er Jahre spricht sich herum, daß wir eine

ökologische Krise haben. Wir können nicht weiterhin so mit der Natur umgehen, wenn wir überleben wollen.
In allen lebensnotwendigen Beziehungen haben wir Probleme. Die verschiedenen Beziehungen, in denen wir leben, stehen in Wechselwirkung zueinander. Wenn ich mich selbst hasse, dann lasse ich das an anderen aus, fange vielleicht an zu trinken oder Tabletten zu schlucken. Die Beziehungen zu mir selbst, zu anderen und zu den Dingen wirken also wechselweise aufeinander ein. Wenn ich ein Auto durch Raserei mißbrauche, verletze ich andere und mich selbst. Die Probleme unseres Lebens berühren alle Beziehungsebenen: Die Beziehung zu mir selbst, zu anderen Menschen und zur Natur, zu den Dingen.
Die Kernfrage lautet: Welche Rolle spielt dabei die Beziehung zu Gott? Ist Gott nur eine Einbildung, nur eine Erfindung des Menschen? Dann ist er nur ein Teil der Beziehung, die ich zu mir selbst habe. So wie ein Gefühl oder ein Gedanke. Aber die Bibel sagt: Gott ist der Schöpfer und der Herr des Universums. Er hat sich in Jesus von Nazareth selbst zu erkennen gegeben. Jeder von uns kann seitdem wissen, daß es Gott gibt. Er ist unserm Denken vorgegeben. Er existiert, ob wir an ihn glauben oder nicht.
Wenn das so ist, dann wirken bei jedem von uns vier Beziehungsebenen zusammen. Das muß ich berücksichtigen, wenn ich meine Alltagsprobleme richtig beurteilen will: Die Beziehung zu mir selbst, zu anderen Menschen, zu den Dingen und zu Gott. Ich kann meine Lebensprobleme nur lösen, wenn ich bei der Ursachensuche und bei der Lösungsfindung alle vier Ebenen im Blick habe. Wenn ich die Diagnose nicht richtig stelle, dann kann ich auch keine richtige Lösung finden.
Wenn Gott nicht lebt, dann brauchen Sie natürlich auch

keine Rücksicht auf diese Beziehung zu nehmen. Wenn er aber lebt, und Sie nehmen keine Rücksicht auf diese Beziehung bei der Untersuchung der Probleme, dann ist die Diagnose falsch, und die Lösungen können auch nur falsch sein. Und das wird sich auf alle Beziehungen auswirken: wie Sie mit sich selbst umgehen, mit Ihrer Zeit, Ihrem Körper, wie Sie mit Kollegen umgehen, wie Sie mit den Dingen umgehen. Denn die Wirklichkeit ist ein ganzes, unteilbares Beziehungsgeflecht.

Wenn die Beziehung zu unserem Schöpfer zerstört ist, dann wirkt sich das verheerend aus auf alle anderen Beziehungen – und natürlich auf die Frage: „Wer bin ich?“ Deshalb ist Beziehung das ganze Leben.

Jesus hat eine erschütternde und zugleich wunderbare Geschichte erzählt (vgl. Lukas 15, 11-24). Er zeigt uns: Wer wir sind, hängt mit unseren gelungenen oder zerstörten Beziehungen zusammen.

Ein junger Mann lebt in ganz normalen, soliden Verhältnissen. Ein „Stino“ – ein Stinknormaler. Der Vater ist ein wohlhabender Landwirt und hat einen großen Betrieb. Dem Jungen fehlt es eigentlich an nichts. Trotzdem ist er nicht zufrieden. Alles ist ihm zu normal.

Auf der Autobahn sah ich einen Sportwagen mit einem großen Aufkleber: „No risk, no fun.“ Kein Risiko, kein Spaß! Entsprechend fuhr der Typ. Doch an diesem Spruch ist etwas Wahres: Wer mit 16 nur daran denkt, wie mit 65 die Rente aussehen wird, der erstickt in Langeweile. Risikobereitschaft und Wagemut würzen das Leben kräftig. Das finde ich auch.

Der junge Kerl, von dem Jesus erzählt, hat das Gefühl, er müsse noch etwas mehr erleben. Er müsse vor allem selbst stärker bestimmen können, was läuft. Er fühlt sich durch

die Familie und die Arbeit zu sehr eingeengt. Darum läßt er sich eines Tages seinen Anteil am väterlichen Erbe auszahlen. Er zerstört damit auch die Solidarität mit Eltern und Geschwistern. Aber jetzt ist ihm die Selbstverwirklichung wichtiger. Er fährt los. Er reist in ein anderes Land.
Reisen, das gibt ein Gefühl von Freiheit. Unser Hunger nach Leben, Selbstbestimmung und Freiheit spiegelt sich in der phantastischen Reiselust, die wir Deutschen entwickelt haben.
Der junge Mann hat also sein Vermögen bar auf der Hand. Jetzt ist er ein gemachter Mann. Das Geld verschafft ihm Freunde und Freundinnen. Essen, Trinken und Sex sind die einfachsten Möglichkeiten, sich Glücksgefühle zu verschaffen – auch wenn sie nur von kurzer Dauer sind. Solange das Geld reicht, kann man sie wiederholen. So weit, so gut.
Leider gehören auch Krisen zum Leben in dieser Welt. Inflation, Pleite, Arbeitslosigkeit. All das bricht über den Lebenskünstler herein. Da wird es einsam um ihn. Plötzlich merkt er, daß sich seine Freunde nicht so sehr für ihn selbst als vielmehr für sein Geld interessierten. Wenn einer nicht mehr unterhaltsam ist, werden die Freunde rar. Er hängt sich an einen Bürger des Landes. Er bittet um einen Job. Der schickt ihn zum Schweinehüten, aber er verbietet ihm, den Schweinefraß zu essen.
Der junge Mann war losgezogen, um Selbstbestimmung zu suchen. Die Bindungen an Eltern und Geschwister waren ihm lästig. Jetzt aber wurde er total fremdbestimmt, versklavt, entfremdet. Er hatte nicht mal mehr die Freiheit, den Schweinefraß zu sich zu nehmen.
Mädchen und Jungen gehen auf den Strich, um sich Drogen kaufen zu können. Sie sehnen sich nach Glück und Geborgenheit und werden kaputtgemacht. Alkoholiker trinken

den letzten Fusel, um das Leben überhaupt aushalten zu können. Bis zum Abwinken.

Die Bibel sagt, daß wir ohne Gott in der völligen Entfremdung landen. Weil die Beziehung zu Gott zerbrochen ist, weil wir Gott besserwisserisch den Rücken gekehrt haben, weil wir von Gott weggelaufen sind, verkrampfen wir in uns selbst. In einem modernen christlichen Song heißt es: „Ohne den Schöpfer sind die Geschöpfe bald erschöpft."

Dieser Ich-Krampf beeinflußt auch die Beziehungen zu anderen Menschen. Sie werden zerstört durch Habgier, Lüge, sexuelle Rücksichtslosigkeit, Brutalität, Hochmut. Aber auch die Beziehung zur Natur, zur Schöpfung Gottes, geht kaputt. Wir mißbrauchen und plündern die Welt. Wir vergiften sie und werden vergiftet.

Jesus erzählt weiter: Der junge Mann wird in dieser Situation von einem tiefen Heimweh gepackt. Er denkt an zu Hause. Selbst die Hilfsarbeiter im Betrieb seines Vaters haben genug zu essen. Der Glanz des Vaterhauses strahlt bis hinein in die Entfremdung. Aus Schweinedreck und Gestank sehnt er sich zurück nach Hause.

Die Bibel sagt: Er ging in sich. Er schlug nicht um sich. Wenn alle Illusionen geplatzt sind, wenn der totale Frust uns einholt, dann schlagen wir um uns. Dann kommt es ja nicht mehr darauf an. Wenn wir kaputt sind, dann sollen es auch andere sein.

Aber Jesus zeigt einen anderen Weg. Der junge Mann entschließt sich: Ich will mich aufmachen und zu meinem Vater gehen. Ich will ihm sagen: Vater, ich habe gesündigt gegen den Himmel und gegen dich, ich habe alle Beziehungen zerbrochen. Jetzt ersticke ich in der Isolation. Ich bin es nicht mehr wert, daß ich dein Sohn heiße. Mache mich zu einem

deiner Tagelöhner – das heißt zu einem Hilfsarbeiter ohne soziale Rechte.
Der junge Mann entschließt sich nicht nur, er macht sich wirklich auf. Das ist die Wende! Er kehrt um. Vielleicht hat er unterwegs oft gezögert. Er hat vielleicht gedacht: Der Alte wird hämisch grinsen und sagen: „Hättest du früher auf mich gehört, dann wär' das alles nicht passiert." Es ist ihm unangenehm bei dem Gedanken an die Begegnung. Aber er geht.
Dann passiert die Riesenüberraschung. Der Vater sieht schon von weitem, daß der Junge kommt. Er hat auf ihn gewartet. Er läuft ihm entgegen. Das ist für einen Orientalen in seinem langen Gewand ganz ungewöhnlich. Er rafft das Gewand hoch bis über die Knie. Das ist etwas Unanständiges, das tut man nicht im Orient. Die Blöße der Beine zu zeigen, ist an der Grenze des Schicklichen!
Aber er tut es. Er geht bis zum Äußersten – aus Liebe. Er läuft, getrieben von der Liebe zu seinem Sohn. Dreckig wie er ist, umarmt der Vater ihn. Der Sohn stammelt sein Bekenntnis und kommt gar nicht bis zum Ende. Der Vater drückt ihm einen Kuß ins schmierige Gesicht. Das ist das Zeichen der Liebe und der Wiederannahme als Sohn, nicht nur als Hilfsarbeiter. Er zieht ihn die letzten Schritte nach Hause. Der Vater steckt ihm einen Ring an, noch bevor er unter die Dusche geht. Der Ring ist in der Geschichte von Jesus nicht eine Verzierung, sondern das offizielle Zeichen der rechtmäßigen Sohnschaft. Dann läßt der Vater einen guten Anzug und die Schuhe bringen. Die Schuhe haben symbolische Bedeutung: Du darfst das Land jetzt wieder in Besitz nehmen, das deine Füße betreten.
Und dann gibt es ein rauschendes Fest aus lauter Finderfreude. Es gibt Musik und Kalbsteak. Die Umstehenden

staunen, sie verstehen die Welt nicht mehr. Der Vater nennt ihnen den Grund: „Dieser mein Sohn war verloren, jetzt ist er wiedergefunden. Er war tot, jetzt ist er lebendig.“
Getrennt von Gott – das ist der Tod. Sünde ist Trennung von Gott. Vergebung, Versöhnung, Wiederannahme – das ist Leben.
Sie sagen vielleicht: „Das ist eine nette Geschichte. Aber passiert das denn in Wirklichkeit? Das Leben spricht anders, oder?“ Jesus erzählt nicht nur eine rührende Geschichte. Er macht sie auch wahr. Er sagt nicht nur die Wahrheit, er ist die Wahrheit, und er schafft die Wahrheit. Schauen Sie auf das Kreuz des Jesus Christus! Dort sehen wir die Wahrheit über Gott. Er ist der heilige Richter. Am Kreuz vollzieht Gott das Gericht über alles Zertrennende, über die Sünde. Gott haßt das Böse, er verurteilt es. Zugleich erkennen wir am Kreuz, daß Gott die Liebe in Person ist. Er liebt uns weggelaufene Menschen so sehr, daß er selbst an unserer Stelle das Urteil trägt. So sehr hat Gott die Welt geliebt. Er will nicht auf uns verzichten. Er hat sich im wörtlichen Sinn festnageln lassen auf das Wort seiner Liebe.
Der ewige Gott, der das Universum geschaffen hat, ist ein laufender Gott, bis in die tiefste Tiefe dieser Welt, in den Schmutz, in die Schande unter dem Kreuz, als sie ihn angenagelt haben. Da stehen die Intellektuellen, die religiöse Elite der damaligen Gesellschaft, und machen ihre Witze: „Na, du Arzt, du hast doch anderen geholfen, nun hilf dir selbst, dann werden wir an dich glauben.“ „Ja“, sagt einer, „das wäre doch die Idee. Steig herab vom Kreuz! Heraus mit den Nägeln!“ Auch Bildung schützt nicht vor Bestialität. Diese Erfahrung machen wir in Deutschland bis in die Gegenwart.

Da hängt er am Kreuz: nackt, blutend, bespuckt, verspottet. So daß bis heute die Leute sagen: „Bist du denn verrückt, mir diesen Jesus zuzumuten?“ Statt dessen sieht man sich lieber nach den lockenden Angeboten des New Age um, für die man eine Menge zahlen darf. Und man zahlt ja auch gern. Ein Gott, der etwas verschenkt, kann nichts wert sein. Da hängt Gott am Kreuz. Jesus erzählt nicht nur eine schöne Geschichte. Er selbst lebt diese Geschichte. Der Festtisch ist schon so lange gedeckt, der Vater wartet auf uns.

Haben Sie je eine Nacht auf ein weggelaufenes Kind gewartet? Dann wissen Sie, wie schmerzhaft solches Warten der Liebe ist.

In Jesus läuft uns der Vater entgegen. Er macht sich lächerlich. Er geht in die Tiefe des Leidens, hinein in Dreck und Blut. Die ausgebreiteten Arme des gekreuzigten Jesus sind die Vaterarme, die uns umfangen wollen.

Als unsere Kinder klein waren, haben wir mit ihnen „Wer kommt in meine Arme?“ gespielt. Ich habe die Arme ausgebreitet und gerufen. Dann kam einer angerannt. Ich habe ihn in die Arme geschlossen und herumgeschleudert. Vor kurzem habe ich das mit unserem Enkel Samuel an einer Treppe gespielt. Der sprang hoch von der Treppe voll Vertrauen in meine ausgebreiteten Arme. Mir stockte der Atem. Er hatte nicht einen Moment daran gezweifelt, daß ich ihn auffange.

Viel mehr Vertrauen können wir Gott, unserem Vater, entgegenbringen. In Jesus breitet er die Arme aus. Wir dürfen uns voll Vertrauen hineinwerfen. Er fängt uns auf. Und es ist kein Spiel. Seine Arme sind so zart, daß sie niemanden schlagen können, aber sie sind so stark, weil sie den Tod überwunden haben, daß sie niemanden mehr fallen lassen. Wenn Sie das erfahren, dann hat das Folgen. Sie bekommen ein neues Selbstwertgefühl: „Ich bin wer, weil Gott sich selbst für mich in den Tod gegeben hat." Sie sind ihm so wichtig und wertvoll! Sie können in den Spiegel schauen und sagen: „Ich danke dir, Herr, daß ich wunderbar gemacht bin."

Sie entdecken Ihre Gaben, entwickeln sie weiter und gebrauchen sie zur Hilfe für Menschen und zur Ehre Gottes. Und was oft noch kostbarer ist: Man kann auch seine Grenzen bejahen, muß sich nicht neidisch in das Leben anderer hineinträumen und darüber versäumen, seine eigenen Möglichkeiten zu entwickeln.

Das alles geschieht nicht mit einem Fingerschnippen, aber der Gesundungsprozeß beginnt. Diese Erfahrung der Liebe wird Sie so stärken, daß Sie auch andere annehmen und lieben können. Sie werden erfahren, daß Sie sogar Leute zu lieben lernen, die Ihnen Böses getan haben.

Sie werden auch die Natur mit anderen Augen sehen. Alles ist Gottes Schöpfung. Es gehört ihm. Er gibt es uns zur Verwaltung, zur Pflege, zum Bauen und Bewahren. Sie werden eine neue Beziehung zur Umwelt, zur Nahrung, zu Ihrem Körper, zum Auto, zum Geld entwickeln.

Aber alles beginnt damit, daß Sie Ihre Bewegung fort von Gott stoppen, umkehren und zum Vater nach Hause kommen. Er bittet um Antwort und gibt uns damit die Menschenwürde. Wir sollen keine Marionetten sein: Gott zieht nicht die Fäden und läßt uns ungefragt hampeln. Er manipuliert uns nicht.

Er redet zu uns und erbittet unsere Antwort. Er gibt uns Verantwortung. So werden wir verantwortliche Personen. Das soll unser ganzes Leben bestimmen: Wir hören sein Wort und geben Antwort, indem wir verantwortlich Gott, dem Schöpfer und Herrn, gegenüber leben.

5

Das Fundament im Sturm des Lebens:
Worauf Sie sich verlassen können

Ich wünsche mir sehr, daß dieser Satz von uns allen ganz energisch gedacht und gesagt wird.
Wir sind stolz darauf, daß Wissenschaft und Technik unser Denken bestimmen. Irgendwie haben wir das Gefühl, alles im Griff zu haben. Präzisionsinstrumente erlauben Arbeiten auf hundertstel Millimeter genau, Gefäßchirurgen arbeiten mit kompliziertesten Apparaten, um feine Adern zu operieren.
Wenn ich mich in ein Flugzeug setze, dann vertraue ich darauf, daß der Pilot vor dem Start alles sorgfältig checkt, daß der Bordcomputer fehlerlos arbeitet und alle Defekte anzeigt, daß die Ingenieure, die die Maschine konstruiert und gebaut haben, präzise Arbeit geleistet haben. Ich rechne damit, daß die Flugüberwachung auf dem Radarschirm alle Flugbewegungen peinlich genau kontrolliert. Trotzdem stürzen immer wieder Flugzeuge ab. Man hofft, daß man nicht gerade in solch einem Flugzeug sitzt. Trotz aller Fehler, trotz allen Versagens glauben wir an die Verläßlichkeit der geleisteten Arbeit.
Im „Spiegel" las ich einige interessante Sätze:
„In manchen Kreisen gehört es zum guten Ton, sich über alles ‚Irrationale' zu mokieren. Als ob die aufgeklärte Welt nicht selber voller Aberglauben und Irrationalitäten steckte! Von der Banalmagie der schwarzen Katzen, Schornsteinfeger und Maskottchen über Daumenhalten und ‚Toi, toi, toi' bis hin zu Polterabend und Silvestergeböller zwecks Ver-

treibung von Dämonen: Fast alle machen mit. Sicher ist sicher. Wer denkt nicht bei überraschenden Begegnungen manchmal: Das kann kein Zufall sein. Und hat Autorität mit Aus‚strahlung' und Macht mit Magie zu tun? Die Politik: Mehr Intuition als Intelligenz. Die Börse: Ein Ort des Glaubens, der Spekulation. Zukunftsentscheidungen von Managern und Konzerninhabern: Viel Gefühl und etwas Kalkül – irrational. Aber deshalb noch lange nicht irre. Denn der Glaube an die Macht der Ratio – ist nicht auch er alles andere als rational?"
(Spiegel 52/26.12.94, Seite 93).

Der „Spiegel" ist kein Kirchenblatt. Er steht ja auch nicht in dem Verdacht, daß er den christlichen Glauben fördern möchte. Ich hätte allerdings nichts dagegen, wenn er es täte.

Ohne Glauben, ohne Vertrauen können wir gar nicht leben. Haben Sie sich das einmal klargemacht? Sie essen eine Suppe zu Hause oder in der Kantine oder in einem Restaurant. Machen Sie vorher eine chemische Analyse? Nein. Sie vertrauen, daß sie nicht vergiftet ist.

Selbst wenn wir alles prüften oder überprüfen ließen, bliebe ein Restrisiko bestehen.

Ohne die Fähigkeit, Vertrauen zu wagen, sind wir lebensunfähig. Erst wenn wir die Erfahrung gemacht haben, wenn wir Vertrauen gewagt haben, wissen wir mehr. Aber man muß es wagen.

Auf der anderen Seite muß man heute sagen: „Bitte nicht zu leichtgläubig!" Das Problem unserer Zeit ist, daß eher zu viel und nicht etwa zu wenig geglaubt wird. Es wird völlig unkritisch geglaubt. Trotz der Gesetze der Astronomie orientieren Tausende von Menschen ihr Leben an der Astrologie. Man schmunzelt und sagt: „Ernsthaft glaube ich natürlich nicht daran." Aber wenn es dann ernst wird, hat man das Maskottchen eben doch zur Hand. Hilft es nicht, dann schadet's auch nicht.

Ich staune, wie viele wirklich gebildete und auf ihr wissenschaftliches Denken stolze Menschen in der Öffentlichkeit in bestimmten Situationen plötzlich sagen: „Toi, toi, toi." Das ist eine verkürzte Anrufung des Teufels, er möge einen verschonen.

Und die schwarzen Katzen, die armen Tiere: Welchen Einfluß sie haben auf die Ruhe oder Unruhe von Menschen – und auf den Verkehr. Stellen Sie sich vor, am Freitag, dem 13., läuft die schwarze Katze von links nach rechts über die Straße. Das ist ein regelrechtes Verkehrsrisiko!

Ich will das gar nicht lächerlich machen. Wir haben alle ein gehöriges Quantum an Lebensangst zu bewältigen. Und es ist eine Sache, ob man im Kopf, im „Schaufenster", eine kritische, wissenschaftlich-technische Weltanschauung vertritt, und eine andere, ob man bei abgedunkeltem Schaufenster seine Lebensangst in den Griff bekommt.

Wie steht es mit den Grundlagen unseres Lebens? Worauf kann ich mich verlassen? Was trägt im Leben und im Sterben? Manchmal denke ich: „Wenn doch diese Fragen kritischer gestellt würden!"

Wir neigen dazu, solange es uns halbwegs gut geht, diese Fragen gar nicht zu stellen. Erst wenn der Boden zu schwanken beginnt, wenn das, was bis dahin so selbstverständlich stabil schien – unsere Gesundheit, unsere Intelligenz, unsere berufliche Position, unsere finanziellen Verhältnisse, unser familiärer Zusammenhalt, die Freundschaften, die Anerkennung –, kracht und wankt, fragt man plötzlich: „Welchen Sinn hat das Leben? Was hält? Wo ist das Ziel?"

Das sind natürlich schwierige Situationen. Wenn alles wankt, hat man oft nicht die Ruhe und den kühlen Kopf, um diese Fragen zu durchdenken und vernünftige Schlüsse daraus zu ziehen, sondern man greift in Panik nach irgendwelchen Strohhalmen. Wenn Sie im Augenblick in einer stabilen Lebenssituation sind, dann danken Sie Gott dafür, und stellen Sie jetzt Ihre kritischen Fragen: „Worauf verlasse ich mich? Was trägt mein Leben wirklich?"

Da sagt jemand: „Ich glaube nur, was ich sehe." Das heißt also: Alles stirbt, nichts hält. Denn alles Sichtbare ist vergänglich. Manches vergeht innerhalb von Sekunden, anderes braucht Jahre und Jahrtausende. Aber alles, was sichtbar ist, vergeht. Wenn also jemand sagt, er glaubt nur, was er sehen kann, dann klammert er sich an das Treibholz, das mit ihm im Strom weggetrieben wird. Auch das ist eine Lebensentscheidung. Und sie geht von der Voraussetzung aus: Es gibt keinen festen Halt.

Jesus hat gesagt: „Himmel und Erde werden vergehen." Das Universum ist vergänglich, „aber meine Worte sind nicht vergänglich". Mein Wort bleibt – entweder das ist völlig aus der Luft gegriffen, oder aber der Satz birgt ein Geheimnis, dem wir nachspüren sollten.

Die Bibel belegt, daß Jesus diesen Satz sagen kann, weil in ihm der Schöpfer und Herr des Universums Mensch geworden ist und sich uns zu erkennen gegeben hat. Denn wir können nur Menschliches erkennen; wir können nicht ausbrechen aus der Welt von Raum und Zeit. Was im Jenseits ist, kann ich mir höchstens ausdenken – ein Wunschdenken. Nur unter der Voraussetzung, daß Gott sich auf unsere Ebene begibt und uns in unserer Welt begegnet, gibt es eine klare, präzise Erkenntnis darüber, wer das erste und das letzte Wort der Weltgeschichte hat.

Als junger Mann sagte mir jemand etwas sehr Herausforderndes, das mir geholfen hat: Du kannst Gewißheit darüber haben, wie Gott zu dir steht – und zwar aus zwei Gründen. Erstens: Gott will dich. Er liebt dich. Das hat er am Kreuz bewiesen. Jesus ist für dich gestorben. Er hat sich auf seine Liebeserklärung festnageln lassen. „So sehr hat Gott die Welt geliebt, daß er seinen einzigen Sohn gab, damit alle, die an ihn glauben, nicht verlorengehen, sondern ewiges Leben haben." Zweitens: Gott kann diese Zusage halten, weil er Jesus vom Tod auferweckt hat.

Der Tod streicht alle menschlichen Versprechen durch. Er ist stärker als die Liebe von uns Menschen, denn eine noch so ernstgemeinte Liebeserklärung aus tiefstem Herzen kann nicht aufrecht erhalten werden, wenn der Tod kommt. Wir können einander nicht den letzten Halt geben. Aber Gott kann. Er ist stärker als der Tod. Er weckt Jesus von den Toten auf. Damit erklärt er die Gültigkeit der Liebe. Ich kann mich darauf verlassen.

Mit der Auferweckung steht und fällt der Glaube an Jesus Christus. Die Bibel sagt: Wenn Jesus nicht auferstanden ist, dann ist der Glaube leer, dann gibt es kein Leben über den Tod hinaus, dann ist alles Lüge, was über Jesus gesagt wird. Dann sind die Christen betrogene Betrüger. Dann gibt es keine Hoffnungsperspektive, dann gibt es auch keine Bewältigung der Vergangenheit durch die Vergebung der Sünden.

Die Auferweckung ist die Bestätigung Gottes, daß dieser Jesus die Schlüsselfigur ist und daß dieses Sterben am Kreuz die Machttat seiner Liebe ist, mit der er uns einholen will und uns sagt: „Ich will dich. Und ich kann dieses Wort der Liebe halten. Ich kann dir einen festen Halt geben." Wenn Jesus tatsächlich auferstanden ist, dann kann er sich in

unserem Leben derart durchsetzen, daß auch unsere Zweifel und kritischen Fragen überwunden werden von der Gewißheit, daß er lebt.
Wenn Sie das Neue Testament lesen, werden Sie feststellen, daß die Menschen, denen Jesus nach seiner Auferstehung begegnet ist, fast ausnahmslos Zweifler waren. Die engsten Freunde sind ihm sogar mehrfach begegnet – und haben immer noch gezweifelt. Das war keine Bande von gutgläubigen Heißköpfen, die sich in etwas hineinsteigerten, bis sie zum Schluß Halluzinationen hatten.
Mich hat das immer sehr ermutigt. Denn ich habe nicht das Bedürfnis, meine Zweifel zu unterdrücken. Ich möchte mein Leben nicht auf etwas gründen, in das ich mich selbst hineinsteigere. Ich pfeife darauf, an meine eigenen Konstruktionen zu glauben. Ich brauche dabei nur einen Denkfehler zu machen – und schon ist alles hinfällig! Weil Jesus auferstanden ist, kann er sich bei jedem Menschen ganz gewiß bemerkbar machen. Er kann die Zweifel überwinden. Er kann eine klare Erkenntnis schenken. Dann kann ich mich auf ihn voll verlassen.
„Gut", sagen Sie, „mag sein, aber ich habe eben keine Gewißheit. Ich kann nicht glauben." Ist das Glückssache, ob einer Jesus glauben kann oder nicht?
Die Bibel erzählt uns eine Geschichte von einem Mann, bei dem der Glaube an Jesus Schritt für Schritt entsteht (vgl. Johannes 4). Der Mann hat eine führende Position in der Regierung im nördlichen Teil Israels. Er ist reich und gebildet, aber nicht religiös. Über Jesus hat er sehr oberflächliche Informationen. Er weiß mehr vom Hörensagen, daß Jesus auch Kranke heilt. Er hat einen todkranken Sohn. Er hat alle Ärzte ausprobiert, doch keiner kann helfen.
Jetzt kommt der erste Schritt des Glaubens: Der Mann setzt

die wenigen Informationen zu seinem eigenen Leben in Beziehung – und zwar ganz praktisch. Ihn interessiert nicht nur rein theoretisch, ob es Gott gibt. Er will Hilfe von Gott für seinen todkranken Sohn. Er will die Lösung seines größten Lebensproblems. Er hört, daß Jesus 27 Kilometer von seinem Wohnort Kapernaum am See Genezareth entfernt im Dorf Kana ist. Er macht sich auf, zu Fuß. Ein langer Weg. Er will wissen, ob Jesus ihm helfen kann.
Im Städtchen Kana trifft der Mann tatsächlich auf Jesus. Er bittet ihn: „Komm herab und hilf meinem Sohn." Was tut Jesus? Er reagiert ziemlich kritisch: „Wenn ihr nicht Zeichen und Wunder seht, glaubt ihr nicht." Er kritisiert die Sensationslust der Leute. Aber das ist nicht ganz fair. Der Mann hat eine schlimme persönliche Not. Er will nicht Wunder von Jesus wie Zirkusnummern zur Unterhaltung sehen.
Machen Sie sich darauf gefaßt: Die Begegnung mit Jesus ist immer für ein paar Überraschungen gut. Jesus ist kein Speichellecker. Er redet uns nicht nach dem Mund. Er ist nicht auf Kundenfang. Er redet kritisch. Er erfüllt nicht alle unsere Wünsche, und er paßt sich nicht unseren Wunschvorstellungen an.
Der Mann läßt nicht locker. Er steckt die Kritik weg. Er will Hilfe, und er hat nichts zu verlieren.
Was haben Sie eigentlich zu verlieren, wenn Sie die Frage nach Jesus einmal gründlich und zielstrebig stellen?
Der Mann sagt: „Herr, komm herab, bevor mein Sohn stirbt." Die Anrede „Herr" kommt hier von einem Menschen, der es durchaus nicht gewohnt ist, untertänig zu sein. Er hat eine führende Position, aber er spürt, daß er es hier mit einer Autorität zu tun hat. Vermutlich ist er auch älter als Jesus, aber er redet ihn an als „Herr". Das ist nicht unwichtig.

Man kann sich bei der Überprüfung der Frage, ob das mit Jesus alles stimmt, wie ein Pathologe verhalten, der eine Maus seziert, um die Bestandteile zu untersuchen. Aber Gott ist nicht irgend etwas, das wir auseinandernehmen können. Er ist der Herr und der Schöpfer der Welt. Wenn ich ihn aber wie ein Stück Abfall behandle, dann darf ich mich nicht wundern, wenn ich in der Begegnung mit Jesus nicht zu einer klaren Erkenntnis komme. Jeder Wissenschaftler weiß: Die Forschungsmethoden müssen angemessen sein, damit man eine präzise Erkenntnis gewinnt.
Der Mann spricht ihn an: „Herr!" Jesus reagiert: „Geh hin, dein Sohn lebt!"
Jesus reagiert anders, als der Mann es erbeten hat. Er geht nicht mit nach Kapernaum. Er sagt: „Geh hin!" Und er verspricht: „Dein Sohn lebt." Stimmt das? Wo ist der Beweis? Was hat der Mann in der Hand? Nur das Wort von Jesus. Es heißt in der Bibel: „Der Mensch glaubte dem Wort, das Jesus zu ihm sagte, und ging hin. Und während er hinabging, begegneten ihm seine Knechte und sagten: Dein Kind lebt. Da erforschte er von ihnen die Stunde, in der es besser mit ihm geworden war. Und sie antworteten ihm: Gestern um die siebte Stunde verließ ihn das Fieber. Da merkte der Vater, daß es die Stunde war, in der Jesus zu ihm gesagt hatte: Dein Sohn lebt."
Der Mann hat nur das Wort von Jesus. Er glaubt diesem Wort und geht. Wiederum 27 Kilometer. Aus dem Text geht hervor, daß er auf dem Rückweg sogar übernachten muß. Eine lange Zeitspanne für das Vertrauenswagnis. Vielleicht zweifelt er unterwegs, mag sein. Aber er geht. Auf das Wort hin.
Glauben heißt nicht, daß ich etwas nur im Kopf für wahr halte und ein Dogma bejahe, sondern daß ich es für wahr

halte und losgehe. Und es bleibt eine Spannung, in der ich noch nicht weiß: Stimmen die Zusagen eigentlich?
Dann erlebt dieser Mann, daß aus dem Vertrauen Gewißheit wird. Er erhält die Antwort: Das Wort stimmt. Jesus hat meinen Sohn geheilt.
Die Methode ist wie immer im Alltag: Wenn wir Vertrauen wagen, bekommen wir ein Ergebnis, eine klare Erkenntnis. Glauben führt zu Wissen. An irgendeinem Punkt Ihres Lebens müssen Sie ganz praktisch mit Jesus rechnen. Nehmen Sie ihn beim Wort. Der Mann in der Geschichte kommt mit der Krankheit seines Sohnes zu Jesus – das ist das Wichtigste für ihn. Nehmen Sie Ihre Eheprobleme. Oder Ihre verkrachten Beziehungen zu Nachbarn oder Kollegen.
Dietrich Bonhoeffer hat gesagt: „Alle unsere Zweifel wurzeln in unserer Sünde." Das Böse, das wir tun, trennt uns wie eine Mauer von Gott. Es geht nichts mehr hindurch. Natürlich können wir nichts Genaues über Gott wissen, wenn wir durch das Böse von Gott isoliert sind. Diesseits der Mauer kann ich mir nur meine eigenen Einbildungen machen. Erst wenn die Mauer der Schuld abgerissen ist und Gott durch die Vergebung zu mir spricht, dann weiß ich: Er hat mich angenommen.
Ich habe einen Freund in Südafrika. Der ist ein sehr erfolgreicher Jugendarbeiter in Soweto. Er war zu Besuch in Deutschland und erzählte, wie er Zweifel über die Wirklichkeit und Gegenwart Gottes hatte. Er ging zu einem alten Pastor und sagte ihm: „Ich spüre nichts von der Gegenwart Gottes." Der alte Mann antwortete ihm: „Mein Sohn, rate mal, wer sich wegbewegt hat!"
Wenn wir nicht nach Gottes Willen leben, wenn wir lügen, egoistisch sind, betrügen, stehlen, die Ehe brechen, dann

bewegen wir uns von Gott weg. Im Neuen Testament steht der Satz: „Wenn wir unsere Sünden bekennen, ist Gott treu und gerecht, daß er uns unsere Sünden vergibt und reinigt uns von allem Unrecht“ (1. Johannesbrief 1,9).
Nehmen Sie Gott beim Wort. Packen Sie aus. Bekennen Sie Ihre Sünde. Beschönigen und verharmlosen Sie nichts. Wagen Sie Vertrauen! Sagen Sie: „Jesus, ich öffne dir mein Leben. Ich habe gesündigt. Das zerstört mein Leben, vor allem meine Beziehung zu dir. Vergib mir meine Sünden.“
Sie werden erleben: Jesus lebt. Er ist für uns gestorben und auferstanden. Und er beweist sich Ihnen. Das ist dann wie ein Tunneldurchbruch: Plötzlich sehen Sie das Licht.

Wie ging es bei dem Mann und seinem kranken Sohn weiter? In der Bibel heißt es: „Er glaubte mit seinem ganzen Haus.“ Hat er nicht vorher schon geglaubt? Ja, das war der erste Vertrauensschritt, der zum Durchbruch führte.
Jetzt aber öffnet er Jesus das ganze Lebenshaus. Er begrüßt ihn nicht nur an der Haustür. Er spricht nicht nur kurz mit ihm im Flur. Er läßt ihn hinein in alle Beziehungen und Bereiche: Ehe, Kinder, Angestellte, Nachbarn, Beruf, Geldgeschäfte, Sexualität, Freizeitgestaltung ... Damit beginnt ein neuer Lebensweg.

6

Die Kunst, Beziehungen zu pflegen:
Allein geht man ein

Die Weltbevölkerung wächst. Der Planet wird in einigen Jahren übervölkert sein, sagen die Experten. Die meisten Menschen leben in den dichten Ballungsräumen der Städte, viele in Wohnblöcken mit Hunderten, ja Tausenden von anderen Menschen. Aber man kennt sich nicht. Wir leben dicht aufeinander, aber wir sind isoliert voneinander und einsam. Nirgendwo kann man so einsam sein wie unter vielen Menschen.

Einsamkeit ist eine besondere Not für alte Menschen, wenn die Kontakte schwächer werden oder wenn vertraute Menschen gestorben sind.

Aber auch junge Leute leiden unter Einsamkeit. Als ich Jugendpfarrer in Essen war, kam einmal ein 16jähriger Junge in mein Zimmer. Kaum hatte er die Tür hinter sich geschlossen, fing er an zu weinen. „Mich nimmt keiner ernst.“ Ich sagte: „Du bist doch einer, der immer im Mittelpunkt steht, wenn was los ist.“ „Das ist es ja. Solange ich interessant bin, habe ich Leute um mich. Aber niemand kennt mich wirklich. Keiner interessiert sich dafür, wer ich wirklich bin.“

Ich sprach mit einem führenden Politiker in unserem Land. Er ist dauernd umlagert von Journalisten. Jeder erkennt ihn auf der Straße. Er sagte: „Je älter man wird, desto weniger Freunde hat man.“ Einsamkeit.

Einer der neueren Filme in Deutschland hat den Titel „Keiner liebt mich“. Eine 30jährige Single-Frau, Flughafenangestellte, lebt in einem Kölner Hochhaus. Sie hat alles und ist trotzdem unzufrieden. Sie schmückt und umgibt sich mit Skeletten, trägt am liebsten Schwarz und schreinert sich ihren eigenen Sarg. Sie flirtet mit dem Tod. Eine Filmkritikerin der Leipziger Volkszeitung nannte die Geschichte „ein Gleichnis für die derzeitige Stimmung in Deutschland". Einsamkeit.

Dieselbe Zeitung veröffentlichte die Ergebnisse einer Umfrage des Leipziger Institutes für Marktforschung über die Einstellung zu Familie und Partnerschaft in den neuen Bundesländern. Die Schlagzeile lautete: „Ehe wichtiger denn je, Treue hoch im Kurs". Dreiviertel aller Erwachsenen sehen in der Ehe die beste Möglichkeit für das Zusammenleben von Mann und Frau. „Neun von zehn Männern und Frauen finden es am schönsten, dauerhaft mit einem Partner zusammenzuleben, ob mit oder ohne standesamtlichen Segen."

Diese Sehnsucht nach Geborgenheit und menschlicher Wärme, die hier zum Ausdruck kommt, drückt sich auch in den Erwartungen an den idealen Partner aus: Über 80 Prozent der Frauen und Männer nennen zuerst Zuverlässigkeit und Treue. Gerade in einer Zeit, in der Gewohntes weggebrochen ist und vieles neu gemeistert werden muß, suchen wir Zuwendung und Halt beim anderen.

Trotzdem ist leider auch wahr: Jede dritte Ehe in Deutschland wird geschieden. Die Paare haben ihre Ehe alle mit dem heißen Gefühl begonnen: Wir passen zusammen und lieben uns und sind unzertrennlich. Viele Alleinlebende sehnen sich nach einer Partnerschaft. Wenn sie dann gefunden ist, verwandelt sich das gemeinsame Leben nicht selten allzu schnell in eine Hölle. Liebe schlägt um in Kälte, Haß und Brutalität. Nirgendwo wird so gehaßt und so rücksichtslos miteinander geredet wie in Partnerschaften, wo früher einmal heiße Liebe brannte.

So viele Träume platzen oder werden zu Alpträumen. Wie kommt das? Wir wollen doch nur das Beste, und unsere Sehnsucht nach Beziehung ist so stark!

Jesus hat in diese Beziehungsnot hinein einen Satz gesagt, den er uns sozusagen in den Mund legt. Er bittet uns, diesen Satz nachzusprechen. Er zeigt uns darin die tiefste Wurzel unserer Beziehungsnot. Zugleich bietet er uns mit diesem Satz die tiefste und grundlegendste Hilfe an: „Betet zu Gott: Vergib uns unsere Schuld, wie auch wir unseren Schuldnern vergeben“ (Matthäus 6,12). Das ist ein Satz aus dem „Vaterunser“. Das Gebet hat Jesus seine Freunde gelehrt.

Warum ist dieser Satz so entscheidend wichtig für unsere Beziehungen?

Was zerstört die Beziehungen, so daß wir in der Isolationshaft der Einsamkeit schier ersticken? Jesus sagt: Es ist die Schuld. Wir bleiben einander Entscheidendes schuldig – die Liebe. Es herrschen in den Beziehungen Rücksichtslosigkeit und Kälte. Wir bleiben einander die Wahrheit schuldig, und es herrschen in unseren Beziehungen Lüge und Betrug. Wir bleiben einander die Treue schuldig, und es herrscht in unseren Beziehungen die nackte Gier.

Wir werden aneinander schuldig, sagt Jesus, aber nicht nur aneinander. Wir bleiben Gott das Entscheidende schuldig: die Ehre, die ihm gebührt. Wir behandeln ihn wie ein Nichts, gehen zur Tagesordnung über und führen uns auf, als wären wir die Herren unseres Lebens.

Wir leben nicht nach seiner Wegweisung. Orientierungslosigkeit ist das Grundproblem in unseren westlichen Gesellschaften geworden. Das bleibt, wenn wir Gott den Respekt versagen und nicht auf ihn hören. Wir bleiben ihm das Vertrauen schuldig. Das Klima der Beziehungen zu Gott und untereinander ist bestimmt von der Eiseskälte des Mißtrauens, das alles zernagt und untergräbt.

Die Bibel benennt dies alles mit einem starken Ausdruck: Es ist Sünde. Sünde ist das, was uns von Gott und von Menschen isoliert, was unsere Beziehungen – und Beziehungen sind ja kein Luxus, sie sind lebensnotwendig – rücksichtslos zerschneidet und uns dadurch kaputtmacht. Sünde ist eine tödliche Angelegenheit.

Sie sagen: „Damit kann ich aber nichts anfangen. Ich lasse mir kein schlechtes Gewissen machen. Fehler haben wir alle. Und gegen Gott habe ich auch nichts – falls es ihn überhaupt gibt."

Stellen Sie sich bitte einmal folgende Situation vor: Sie gehen mit Ihrem Kind auf den Spielplatz. Sie sitzen auf einer Bank, und Ihr Kind spielt etwa 20 Meter weit weg im Sandkasten. Plötzlich kommt ein Mann vorbei, schnappt sich das Kind und verprügelt es nach allen Regeln der Kunst. Sie stürzen auf ihn zu, fallen ihm in den Arm und rufen: „Hör auf!" Der sieht Sie ganz erstaunt an: „Was habe ich mit Ihnen zu tun? Ich habe nichts gegen Sie. Ich finde Sie sogar ganz nett. Ich verhaue nur dieses Kind." Werden Sie sich damit zufriedengeben? Sie werden ihm schon klarmachen: „Das geht mich sehr viel an. Das trifft mich persönlich. Das ist mein Kind. Und da kann ich nicht zusehen, wie es mißhandelt wird."

Oder stellen Sie sich doch einmal vor, Sie stehen am Fenster Ihrer Wohnung. Unten an der Straße steht die große Kostbarkeit, gerade abbezahlt: das Auto. Frisch geputzt. Wie Sie so voller Wohlgefallen und Genuß hinunterschauen, sehen Sie, wie so ein Bengel die Straße entlang kommt – mit einem dicken Hammer in der Hand. Er springt sportlich auf die Kühlerhaube, tritt in die Windschutzscheibe, schlägt mit dem Hammer im Dreivierteltakt aufs Blech. Ihr wunderschönes Auto entwickelt sich zu einem Schrotthaufen. Sie stürzen die Treppe hinunter, und dann ...

Ich weiß nicht, was Sie dann machen. Aber wenn der Junge Ihnen plötzlich sagt: „Was habe ich denn gegen dich? Du bist mir sympathisch – falls es dich gibt. Ich mache hier nur Kraft- und Bewegungstraining." Dann sagen Sie: „Das ist mein Auto, das du hier gerade zerstörst. Das geht mich sehr wohl etwas an!"

Was meinen Sie, wem diese Welt gehört? Sie gehört dem Schöpfer. Und was meinen Sie, wem die Menschen gehören? Er hat sie geschaffen. Er liebt sie.

Alles, was ich einem anderen Menschen Böses tue in Gedanken, Worten und Werken, wo ich sein Leben verletze und beeinträchtige, das trifft Gott mitten ins Herz. Wir mögen uns das nicht vorstellen können, weil wir uns auf der Seele eine Hornhaut zugelegt haben und uns manches egal ist. Gottes Liebe ist tief verletzt, wenn einem einzigen seiner Geschöpfe etwas getan wird, das ihm schadet.

In der Bibel steht der Satz: „Die Erde ist des Herrn" (Psalm 24,1). Die Welt ist Gottes Eigentum. Mißhandlung dieser Schöpfung, Selbstgerechtigkeit, Selbstbezogenheit, Lüge zerstören die Beziehung zu Gott. Das nennt die Bibel Sünde. Und daß wir das nicht wahrnehmen, sondern sogar noch unser Gewissen totschlagen, macht die Sache nur schlimmer.

Manche halten ein totgeschlagenes Gewissen für ein ruhiges Gewissen. Machen Sie das nicht zum Maßstab Ihrer Orientierung! Wenn das Gewissen kein Alarmsignal mehr gibt, dann ist das gerade ein Zeichen dafür, daß wir die

Beziehungen zu Gott, zu anderen Menschen, zu den Dingen und auch zu uns selbst zertrümmert haben.
Jesus lädt uns ein, ehrlich zu werden. Er stellt uns eine klare Diagnose. Unsere Sünde trennt uns von unserem Schöpfer. Deshalb sagt er: „Betet so: Vergib uns unsere Schuld." Es ist eine Einladung, Fehler einzugestehen, nicht mehr zu beschönigen und zu sagen: „Das machen doch alle. Das kann man alles irgendwie erklären." Damit kann man es wegschieben, anderen in die Schuhe schieben, wir sind es nicht gewesen. Jeder kennt irgend jemanden oder irgend etwas in unserer Gesellschaft, der oder das es verursacht hat.
Es bedeutet eine entscheidende Wende, wenn ich vor Gott sage: „Ich gestehe ein, ich bin schuldig geworden. Ich bin Liebe, Wahrheit, Dienstbereitschaft und Treue schuldig geblieben. Ich bitte um Vergebung." Gott kann und will uns vergeben. Er tut es, weil Jesus das Todesurteil für uns, an unserer Stelle, erlitten hat. Geben Sie zu, daß Sie das verdient hätten. Nehmen Sie das Geschenk der Stellvertretung an.
Es ist eine großartige Erfahrung, wenn die Beziehung zu Gott wieder heil wird. Aus Feinden werden Kinder Gottes, wir finden Frieden mit Gott. Die Beziehungen zu anderen Menschen werden erneuert, weil das Trennende ausgeräumt wird. Ich darf frei sein und neue Beziehungen knüpfen. Das ist ein Aufatmen!
Aber das ist noch nicht alles. Das Geschenk ist größer. Es ist nicht nur für uns selbst da. Es ist so groß, daß wir davon weitergeben können. Jesus sagt: „Betet so: Vergib uns unsere Schuld, wie auch wir unseren Schuldnern vergeben" (Matthäus 6, 12).
Wo Menschen eng zusammenleben, werden wir aneinander schuldig. Da hilft es nichts zu sagen: „Schon gut, ich

nehme das nicht so krumm.“ Unser Verhalten führt zu Verhärtungen, Trennungen und Isolierungen. Langsam baut sich eine Betonmauer aus Vorwürfen und Bitterkeit auf. Das macht jede Liebe auf die Dauer kaputt. Das harmlose Überspielen und Unter-den-Teppich-Kehren hilft uns nicht weiter. Was wir brauchen, ist Vergebung.

Jesus schenkt uns die Vergebung voraussetzungslos. Wir müssen uns nicht vorher ändern, um für den Empfang der Vergebung würdig zu sein. Aber die geschenkte Vergebung soll nicht folgenlos bleiben. Nie! Jesus schenkt so viel, daß wir abgeben können, ohne selbst etwas zu verlieren.

Jesus überfordert uns nicht. Er sagt auch nicht: „Das, was die anderen getan haben, ist nicht so schlimm.“ Nein, er sagt: „Sie sind an dir schuldig geworden. Aber nimm von meiner Vergebung, die du für dich bekommen hast, und schenke dem anderen etwas davon weiter, damit die Beziehung zwischen euch bereinigt wird.“

Ich habe Menschen erlebt, die gesagt haben: „Vergeben? Nie und nimmer. Das kann ich nicht. Das ist zuviel verlangt. Nach allem, was der mir angetan hat!“ Ist das zuviel verlangt? Jesus erwartet eigentlich nichts von uns. Weil sein Geschenk so reich ist, kann Gott sagen: „Nicht von dem, was du hast, nur von dem, was ich dir geschenkt habe, sollst du nehmen. Nimm eine kleine Prise davon und schenke es dem weiter, der an dir schuldig geworden ist.“ Es fängt immer damit an, daß ich mich zunächst selbst beschenken lasse.

Ohne die Kraft der Vergebung machen wir uns das gemeinsame Leben zur Hölle. Trotz aller guten Vorsätze.

Vor einigen Jahren übersetzte ich in einer Versammlung einen Christen aus Uganda. Er hieß John Wilson. Er war ein einflußreicher Manager in der Ölwirtschaft gewesen. Dann bekam sein Leben eine totale Wende. Er hörte die Botschaft von Jesus Christus und folgte ihm nach. Er fand es nicht länger interessant, Geld und Macht zu vermehren. Statt dessen wollte er den Menschen in seinem Land dienen und wurde ein Botschafter des Jesus Christus. Dieser großartige Mann wurde später, in der Zeit des Diktators Idi Amin, von Banditen auf der Straße erschossen.

Wie gesagt, ich durfte ihn übersetzen. Als Übersetzer ist man ja selbst der beste Zuhörer des Redners. Ich weiß noch, wie John Wilson damals ein eindrückliches Beispiel erzählte. Ich gebe es Ihnen weiter:

Ein Afrikaner lebt in einem Dorf. Er hat schwer gearbeitet und ist nun durstig. Er greift zum Tonkrug in der Hütte. Aber der Krug ist leer. Er geht mit dem Krug zum Wassertank, der am Dorfrand steht. Er stellt den Krug unter den Wasserhahn und dreht den Hahn auf. Nichts kommt. Ist der Tank auch leer? Er klopft an den Tank. Es klingt so, als ob der voll sei. Er dreht wieder an dem Hahn. Nichts. Schließlich klettert er die Leiter an dem Tank hoch, öffnet oben einen Deckel und streckt den Arm hinein. Der Tank ist bis oben hin mit Wasser gefüllt.

Was nun? Hier ist ein durstiger Mensch. Dort ist jede Menge Wasser. Nur – das eine kann nicht zum anderen gelangen.

Schließlich hat er eine Idee. Er nimmt einen Draht, biegt vorne einen kleinen Haken und führt den Draht durch den geöffneten Wasserhahn in die Verbindungsleitung zum Tank. Er bewegt den Draht hin und her und zieht Stück für Stück einen toten Frosch aus der Leitung.

John Wilson sagte: „So ist das in unserem Leben. Wir haben Durst, Sehnsucht nach Liebe und sinnerfülltem Leben. Jesus hat gesagt: ‚Wer Durst hat, der komme zu mir und

trinke.' Jesus bietet das Wasser des Lebens. Er hat ein unerschöpfliches Reservoir. Aber oft kommt das Wasser nicht zu den Durstigen. Warum? Da sitzen tote Frösche in der Leitung. Unsere Lügen, Streit, Ich-Sucht, Habgier, Haß, Unversöhnlichkeit, Ehebruch, Diebstahl, Rücksichtslosigkeit. Mißachtung der Ehre Gottes und seiner Geschöpfe."
Die toten Frösche müssen raus. Das ist oft alles andere als appetitlich. Schöner wäre es, alles könnte im Versteck bleiben. Über solch peinliche Dinge in unserem Leben würden wir natürlich lieber nicht reden. Aber solange sie in der Leitung sind, kommen wir nicht an das Wasser und müssen unseren Durst irgendwo an giftigen Quellen zu stillen versuchen.
Wer Durst hat und Sehnsucht nach Leben, der soll kommen und trinken. Jesus sagt, wer an ihn glaubt, von dessen Leben werden Ströme von Quellwasser ausgehen. Nicht nur, daß seine eigene Sehnsucht gestillt ist – er wird auch etwas haben, was er anderen zur Erfrischung weitergeben kann. Ich erhalte Vergebung für mich selbst und zum Weitergeben an die, die an mir schuldig geworden sind. Damit die Versöhnung Kreise zieht, Einsamkeit aufgebrochen wird und Gemeinschaft wächst. Das bedeutet: Nicht nur Cliquenwirtschaft bei denen, die sich ohnehin schon sympathisch sind, sondern dort zur Gemeinschaft finden, wo Grenzen und Trennungen sind, wo man sich weh getan hat.
Durch die Vergebung der Schuld kommen Gott und Mensch zueinander, und Menschen finden wieder neu zusammen.

7

Ein wichtiger Schritt in die Zukunft:
Die Hoffnung macht uns Beine

Die Hoffnung macht uns Beine – ist dieser Satz eigentlich wahr? Besser kennen wir die Drohung: „Ich werde dir Beine machen!“ Dann ist es die Angst, die uns in Bewegung setzt. Wir stehen vor riesigen Zukunftsproblemen. Es droht eine Klimakatastrophe. Wir werden mit den Armutsproblemen nicht fertig. Kriege brechen aus, obwohl wir vor ein paar Jahren dachten, mit dem Kalten Krieg wäre das größte Problem unserer Welt beseitigt.

Die stärkste Gefährdung aber scheint darin zu bestehen, daß viele Menschen die Gefahr gar nicht zur Kenntnis nehmen. Ist mehr Angst vor den realen Gefahren nötig, die uns Beine macht? Doch Angst treibt in Panik. Das ist auch keine Hilfe. In der Panik wollen alle die Rettung, und dabei trampeln sie sich gegenseitig tot. Angst kann andererseits auch lähmen. Dann schauen wir wie das Kaninchen auf die Schlange.

Auch Hoffnungslosigkeit lähmt, sie ist wie Blei in unseren Beinen.

Die Bibel berichtet uns von zwei Männern und ihrer Riesenenttäuschung (vgl. Lukas 24,13-35). Sie waren Jesus begegnet und ihm begeistert nachgefolgt. Sie hatten ihr Leben an ihm orientiert. Er war glaubwürdig. Bei ihm stimmten Wort und Leben überein. Drei Jahre lang waren sie mit ihm durch Höhen und Tiefen gegangen. Sie hatten wunderbare Erfahrungen gemacht. Aber am Schluß kam eine Riesenpleite.

Sie konnten es nicht fassen: Jesus wurde in einem Unrechtsprozeß bei Nacht und Nebel verurteilt und hingerichtet. Er geriet unter die Räder – er konnte sich nicht durchsetzen. Bis zuletzt hatten sie gehofft, er würde es denen zeigen und es würde sich herausstellen, daß die Kraft der Gerechtigkeit, der Liebe und Barmherzigkeit doch stärker ist als die unverschämte Brutalität unserer Welt.

Aber alle ihre Hoffnungen wurden wortwörtlich durchkreuzt. Jesus starb am Kreuz. Da tauchten sie erstmal in der Altstadt von Jerusalem unter, um vor der Polizei sicher zu sein.

Am übernächsten Tag machten sie sich auf den Weg, raus aus der Stadt, diesem Hexenkessel der Gewalt. Abstand gewinnen von der Asche der ausgebrannten Hoffnung.

Die Frauen aus dem Freundeskreis von Jesus hatten erzählt: „Das Grab ist leer“ und „Jesus lebt“. Das kam den beiden wie Hysterie vor, sie hielten sich die Ohren zu. „Jetzt drehen sie durch“, dachten sie. Nichts wie weg.

Sie wollten zu Bekannten aufs Land, handfeste Arbeit suchen, wieder Boden unter die Füße bekommen.

Unterwegs redeten sie über ihre Erlebnisse. Es mußte raus. Psychologisch gesehen war das nötig, um nicht am Frust zu ersticken. Weißt du noch …? Wie konnten wir nur …!

Sie sind so ins Gespräch vertieft, daß sie den Mann gar nicht bemerken, der schon einige Zeit neben ihnen hergeht und plötzlich fragt: „Worüber redet ihr?“ An dieser Stelle heißt es in der Bibel: „Da blieben sie traurig stehen.“ Ihre kaputten Hoffnungen gehen wie Blei in ihre Beine und nageln sie auf den Fleck fest.

Einer von den beiden heißt Kleopas, und er fragt den unbekannten Dritten erstaunt: „Bist du der einzige Fremde in Jerusalem, der nicht weiß, was in diesen Tagen geschehen ist?“ Der Unbekannte: „Was denn?“ „Das mit Jesus von Nazareth, der ein Prophet war, mächtig in Taten und Worten vor Gott und allem Volk. Unsere Hohenpriester und Oberen haben ihn zur Todesstrafe verurteilt und gekreuzigt. Wir aber hofften, er sei es, der Israel erlösen würde. Das war vorgestern. Einige Frauen haben uns einen Schrekken eingejagt. Die waren heute früh am Grab, haben den Leichnam nicht gefunden und eine Engelerscheinung gesehen. Die Engel haben gesagt: ‚Jesus lebt.‘ Einige von uns sind hin, fanden das Grab leer, aber Jesus haben sie nicht gesehen.“

Eine verrückte Situation! Der auferstandene Jesus ist unerkannt schon mit ihnen unterwegs. Das ist eine hoffnungsvolle Lage trotz aller Hoffnungslosigkeit und Enttäuschung.

Plötzlich wird der unbekannte Dritte sehr drastisch, unhöflich und grob. So erwartet man das von Jesus nicht, der hat immer nach der allgemeinen Vorstellung süß und lieb zu sein. Er sagt: „Ihr Dummköpfe mit euren verhärteten Herzen. Daß ihr nicht darauf vertraut, was die Propheten geredet haben! Mußte nicht die Schlüsselfigur Gottes, der Messias, dies erleiden und in seine Herrlichkeit eingehen?“ Dann erklärt Jesus den beiden verblüfften Männern, wie dies bereits im Alten Testament angekündigt ist. Er macht mit ihnen einen Bibelkurs. Und er erklärt ihnen: Das ist schon immer die Linie in der Geschichte Gottes mit den Menschen gewesen. Er hat geredet, sich klein gemacht und beugte sich unter die Lasten, die uns erdrücken.

Er selbst trägt die Lasten, damit wir frei werden. Er geht in die tiefste Todesnot, um uns dort herauszuholen. Gott winkt uns nicht vom Jenseits aus gnädig zu und verteilt gute Ratschläge. Er geht selbst in den Dreck, in Blut und Tod.

Während der Unbekannte mit den beiden Männern redet, erreichen sie das Dorf Emmaus. Es ist etwa 7 Uhr abends. Die Dunkelheit bricht in Israel sehr schnell herein. Die beiden Männer bieten dem Fremden Unterkunft für die Nacht an. Die Nacht ist gefährlich: Es gibt keine Straßenbeleuchtung. Der Fremde lehnt zunächst ab. Menschen im Orient aber sind sehr gastfreundlich – davon könnten wir in Deutschland viel lernen. Gastfreundschaft ist eine heilige Verpflichtung. Also drängen die beiden ihren Begleiter nicht weiterzugehen. Schließlich nimmt er die Einladung an und bleibt bei ihnen.

Im Haus sitzen sie am Boden um die Bastmatte zum Abendessen, wahrscheinlich gab es Brot und etwas Joghurt. Der Fremde greift nach einem dieser Brotfladen, spricht ein Segensgebet und teilt davon aus. Das ist die Aufgabe des Hausherrn, des Gastgebers – nicht des Gastes. Indem er das tut, fällt es den beiden Männern wie Schuppen von den Augen: Das ist Jesus. So hat er es drei Jahre lang getan. Das war die tägliche Demonstration der Liebe Gottes. Da wird ihnen klar: Jesus lebt!

In diesem Augenblick tritt der Auferstandene in die unsichtbare Wirklichkeit Gottes zurück.

Das müssen wir uns klarmachen: Alles, was sichtbar ist, ist auch vergänglich. Gott ist nicht sterblich, er ist unvergänglich. Er ist nicht in die Todeszelle der sichtbaren Welt von Raum und Zeit gesperrt. Gott hat Jesus auferweckt, das heißt, er hat den Leichnam in seine Wirklichkeit, in die des Schöpfers verwandelt. Der Tod ist endgültig überwunden. Gott ist unserer sichtbaren Wirklichkeit überlegen, aber er durchdringt auch sie in jedem Molekül. Gottes Wirklichkeit ist für unsere Augen nicht sichtbar. Unsere Wahrnehmungsinstrumente sind nur für die vergängliche, sichtbare, begrenzte Wirklichkeit geeignet. Der auferstandene Jesus hat die Fähigkeit, in die Sichtbarkeit unserer Welt zu treten und zurück in Gottes für uns unsichtbare Welt.

Die beiden in Emmaus springen auf. Einer fragt den anderen: „Brannte nicht unser Herz in uns, als er mit uns redete und uns die Bibel erklärte?" Es hat in uns gebrannt – was ist damit gemeint? War es das Feuer der Hoffnung, das in der Asche der Resignation angezündet war? Oder war es das Gefühl des Schmerzes, wenn die Wahrheit in ein Leben kommt und plötzlich Dinge anrührt, die nicht in Ordnung sind?

Die Jünger merken jedenfalls: Da ist eine Wirklichkeit, die hinausgeht über das menschliche Wort, das sie hören.

Jesus benutzt menschliche Worte, um sie zu seinen Worten zu machen und in das Gewissen der Menschen hineinzusprechen.

Die Jünger merken plötzlich: Gott zündet ein Feuer an – ein Feuer der Hoffnung, das beunruhigt, das weh tut, wo immer es Dinge berührt, die es verbrennen will, weil sie nicht zu Gott und nicht zu einem gelingenden Leben passen. Es ist eine Unruhe und Unsicherheit in ihnen, die sie sich nicht erklären können. Diese Erfahrung ist ihnen neu. Sofort kommt der Entschluß: Wir müssen zurück nach Jerusalem. Jetzt. In der Nacht. Wir müssen den anderen sagen: Jesus lebt.

„Moment mal", möchte ich dazwischenrufen. „Denkt an die Gefahr der Nacht! Ihr habt doch gerade noch selbst den anderen davor gewarnt. Und denkt an die Probleme in Jerusalem. Was hat sich denn geändert? Sind die Gefahren nicht mehr da?"

Was sich geändert hat? Jesus ist auferstanden und lebt. Dem Tod ist das Genick gebrochen. Die Welt hat einen neuen

Mittelpunkt, einen neuen Dreh- und Angelpunkt. Die Probleme und Gefahren erscheinen in einem neuen Licht. Die Wirklichkeit wird jetzt vor allen Dingen durch den auferstandenen Jesus bestimmt.

Wir haben Grund genug, geradewegs nach „problem city“ zu gehen. Mitten durch die Nacht. Denn es gibt eine Hoffnung, und das kann man nicht für sich behalten. Wer dem auferstandenen Jesus begegnet ist, wer den Durchbruch durch die Todesmauer erlebt hat, der kann nicht stumm bleiben. Also rennen die Männer los!

Die beiden haben erfahren, was ihnen Jesus schon vor seiner Hinrichtung gesagt hat: „In der Welt habt ihr Angst, aber seid mutig, ich habe die Welt besiegt“ (Johannes 16, 33). Wenn irgend jemand sagt, mit Jesus gäbe es keine Angst, der lügt. Solange es Probleme und Engpässe gibt, gibt es, wenn wir gesund reagieren, auch das Gefühl der Angst. Das ist wie ein Alarmsystem. Jesus hat gesagt: „Aber seid mutig, ich habe die Welt besiegt.“ Es gibt Grund zum Standhalten gegen die Angst. Das ist der Punkt. Und das erleben die Jünger.

Genau das brauchen wir heute: Keine Traumtänzer, sondern Hoffnungsläufer, keine Lähmung in Angst und Frust, sondern Hoffnungsarbeiter. Aus der Erfahrung „Er lebt!“ sollen wir so viel Kraft und Mut gewinnen, daß wir die kleinen nötigen Schritte gehen. Wir sollen nicht sagen: „Wenn ich nicht die ganze Welt retten kann, habe ich keine Lust, überhaupt jemandem zu helfen. Rette sich, wer kann.“ Das ist die normale Haltung der Verzweiflung. Aber das Bruchstückhafte mit ganzer Leidenschaft zu tun in der Familie, in der Schule, im Berufsleben, in der Gemeinde, zu der wir durch den Glauben an Jesus gehören, ein Sich-Kümmern um den Nächsten, den eigenen Gaben entsprechend – das

ist Hoffnungsarbeit. Den Willen Gottes zu tun, ihn zu fragen: „Was willst du, Herr, das ich tun soll in dieser Welt?“
In Leipzig steht an einer Kreuzung eine alte Grenzmarkierung, das Connewitzer Kreuz: Es stammt aus dem Jahre 1536 und war eine alte Grenzmarkierung der Stadt nach Süden. Das verwitterte Original soll restauriert und dann in einem Museum ausgestellt werden. 1994 hat man an der Kreuzung mit demselben Namen eine Kopie aufgestellt. Dort sieht man den gekreuzigten Jesus, darunter einen Totenkopf und das Leipziger Stadtwappen.
Das ist die Botschaft für Leipzig: Der gekreuzigte Jesus, die Liebe Gottes in Person, will das Leben der Menschen in dieser Stadt bestimmen. Eine wunderbare Botschaft. Ein Stadtwappen zu Füßen des Gekreuzigten, wie eine Predigt, die dort mitten im Verkehr steht, mitten in einem Bezirk, der mit vielen Problemen zu kämpfen hat. In allen Städten gibt es solche Plätze, wo der Verkehr tost und wo sich die Probleme ballen. Und der Gekreuzigte ist mittendrin. Mit einer Liebe, die so stark ist, daß sie halten kann, weil Gott ihn aus dem Tod auferweckt hat.
Das Kreuz – nach hinten hält es uns den Rücken frei, weil Jesus uns die Schuld vergibt. Nach vorne stößt es die Türen in die Zukunft auf, weil es den Tod grundsätzlich überwindet. Mit ihm beginnt der große Prozeß, der am Ende der Geschichte mit allen Menschen passieren wird: Er wird sie aus den Gräbern rufen, auferwecken in Gottes Wirklichkeit. Wir alle werden vor Gott stehen als dem Richter. Alle Knie werden sich vor ihm beugen müssen. Wir werden dann nicht mehr diskutieren, wer der Herr ist.
Wir werden sehen: Er ist der Herr. Er wird unser Leben beurteilen und richten nach seinen Maßstäben, die wir aus der Heiligen Schrift kennen. Und Jesus sagt unmißverständlich,

daß es einen doppelten Ausgang der Weltgeschichte gibt: Es gibt ein Getrenntsein von Gott in Ewigkeit, es gibt eine Verdammnis. Das ist nichts anderes als das leben zu müssen, was wir leben wollten: ohne Gott sein. Das wollen wir doch, ungestört tun können, was wir möchten. Das ist die Hölle. Gott zieht die Hand ab und schweigt. Überall, wo Menschen nicht nach Gott fragen und wir allein einander ausgeliefert sind, da beginnt die Hölle. Und die Hölle hat über das Gericht Gottes hinweg eine Dimension in die Ewigkeit. Ich sage es auch nicht gern, aber das ist die Wahrheit. Und es ist auch eine Würde, daß Gott uns wirklich ernst nimmt und uns verantwortlich macht. In dieser Gesellschaft nimmt einen keiner ernst. Es ist auch keiner gewesen. Jeder schiebt dem anderen die Verantwortung in die Schuhe. Es gibt einen Kreisverkehr, als wären wir alle unzurechnungsfähig. Und wir merken gar nicht, daß wir damit die letzte Menschenwürde verlieren.

Gott gibt uns die Würde: Er hat uns angesprochen, er hat uns ein Leben gegeben, einen Auftrag gegeben, seine Liebe und den Gekreuzigten geschenkt. Er bittet um Antwort. Wir sind Partner und dürfen Antwort geben; und wenn er uns anspricht, können wir Antwort geben.

Jesus wird den neuen Himmel und die neue Erde schaffen. Er wird die Welt verwandeln, wie wir es uns jetzt noch nicht vorstellen können. Die Bibel sagt, dann wird keine Krankheit, kein Leid und Geschrei mehr sein. Er wird abwischen alle Tränen. Wie viele Tränen sind bei uns schon geweint worden! Er wird kommen, und dann wird keine Ungerechtigkeit mehr sein. Ewiges Leben heißt: In einer ungestörten und nicht mehr zerstörbaren Gemeinschaft mit Jesus leben. Ewiges Leben beginnt jetzt! In dem Augenblick, in dem ein Mensch sich öffnet und sagt: „Jesus, ich will dir folgen.“

Der Tod kann uns alles nehmen, er scheidet uns von dem liebsten Menschen und von allem, was wir besitzen. Nichts können wir festhalten. Der einzige, der nicht getrennt wird von uns, nicht getrennt werden kann, ist der auferstandene Jesus. Der hält mich fest. Darauf setze ich.
Ich traue mir nicht viel zu, auch nicht im Angesicht von Leiden und Sterben. Ich denke nicht hoch von meiner Fähigkeit durchzuhalten. Aber ich denke hoch von seiner Fähigkeit festzuhalten. Seine Treue ist groß. Und er bringt uns durch bis zum Ziel – in seine neue Welt. Da werden wir verwandelt. Dann werden wir Augen haben, die die Wirklichkeit Gottes wahrnehmen können. Dann werden wir Ohren haben, die sein Wort direkt hören. Dann werden wir nicht mehr an die Vergänglichkeit gebunden sein.
Warum erzähle ich das alles? Will ich Sie aufs Jenseits vertrösten? Nein.
Jetzt und hier beginnt ein Leben in dieser Hoffnungskraft, hineingesetzt in die Spur der Zukunft.
Das Wort Jesu ist zukunftsbestimmend, zwischen phantastischen Träumen und bitteren Enttäuschungen. Wenn Sie dem Wort des auferstandenen Jesus vertrauen, auf ihn hören, ihm gehorchen, hat Ihr Leben Zukunft. Sie werden erleben, wie aus der Asche der Hoffnungslosigkeit das Feuer der Hoffnung auflodert. Sie werden spüren, wie es in Ihnen wieder warm wird, wo die Eiseskälte der Habgier, der Rücksichtslosigkeit und der Todesangst regiert hat.
Und dann fügt er uns ein in die Gemeinschaft all derer, die Jesus ihr Leben verdanken. In der Bibel steht: Wir sind Körperteile am Leib des Jesus Christus. Die Gemeinschaft der Christen ist der Brückenkopf der neuen Welt Gottes, mitten in dieser alten, vergänglichen und von Ängsten gebeugten Welt.

Ich kann Ihnen ankündigen: Jesus stellt uns auf die Beine und setzt uns in Bewegung, damit wir auch anderen die Einladung zum Leben bringen. Jeder, der selbst auf den Geschmack der Liebe gekommen ist, soll für andere zur Kostprobe der Liebe Gottes werden. Sie sollen von heute an Hoffnungsläufer, Hoffnungsarbeiter sein. Ihre Stadt, Ihr Dorf, Ihre Familie, Ihre Nachbarn, die Menschen in der Firma, in der Schule oder Universität brauchen Sie. Nichts wird umsonst sein, was Sie tun, weil Jesus die neue Welt schafft. Er garantiert die Zukunft.